Sarah Bünstorf

Erbrecht

12. Auflage 2022

ISBN 978-3-86724-027-7

12. Auflage 2022

© 2022 niederle media

Bezug möglich direkt vom Verlag
niederle media
48341 Altenberge
Fax (02505) 93 98 99
E-Mail: info@niederle-media.de
www.niederle-media.de

▶ Inhalt

▶ Erbrecht

▶ Vorwort

Dieses Skript ist gedacht als Einführung in die Grundlagen des Erbrechts. Nachlesen und nachbereiten kann man hier die Themen, die meist in den Einstiegs-Vorlesungen behandelt werden. Dazu gehört z.b. die Frage, wie ein *Testament wirksam errichtet* und *ausgelegt* wird. Weiterhin wird z.b. erläutert, wie die *Erben* grundsätzlich *haften*, welche *Erbfolge* das Gesetz vorsieht, welche Bedeutung der *Erbschein* im Rechtsverkehr hat und welche *Pflichtteilsansprüche* es gibt.

Der Name **niederle media** steht für Skripten, die zu einem großen Teil von Autoren mit mehrjähriger Lehr-Erfahrung als Hochschullehrer oder AG-Leiter verfasst wurden und die

- klausurrelevante Themen *kompakt* darstellen,

- meist in 1-2 Tagen und demnach *zeitsparend* durchgearbeitet werden können,

- so *verständlich* sind, dass auch Anfänger damit regelmäßig auf Anhieb klarkommen,

- *Fallbeispiele, Übersichten* und *Schemata* enthalten,

- sehr *erschwinglich* sind (ab 7,90 Euro).

Aufgrund dieser Eigenschaften sind unsere Skripten hervorragend geeignet für den ersten, unkomplizierten Einstieg in die Materie oder für eine schnelle Wiederholung kurz vor der Prüfung. Dafür drücke ich schon jetzt ganz fest die Daumen,

Jan Niederle

▶ Unsere 📖 Skripten 📑 Karteikarten 🔊 Hörbücher

Zivilrecht

- 📖 Standardfälle Zivilrecht f. Anfänger (BGB AT+Kaufrecht)
- 📖 🔊 Standardfälle BGB AT
- 📖 🔊 Standardfälle Schuldrecht
- 📖 🔊 Standardfälle Ges. Schuldverhältn., §§ 677,812,823
- 📖 🔊 Standardfälle Sachenrecht (Mobiliar+Immobiliar)
- 📖 🔊 Standardfälle Familien- und Erbrecht
- 📖 🔊 Basiswissen BGB AT (Frage-Antwort)
- 📖 🔊 Basiswissen Schuldrecht AT (Frage-Antwort)
- 📖 🔊 Basiswissen Schuldrecht BT (Frage-Antwort)
- 📖 🔊 Basiswissen Sachenrecht (Frage-Antwort)
- 🔊 Basiswissen Familienrecht (Frage-Antwort)
- 🔊 Basiswissen Erbrecht (Frage-Antwort)
- 📖 Einführung in das Bürgerliche Recht (für Anfänger)
- 📖 Studienbuch BGB AT
- 📖 Studienbuch Schuldrecht AT
- 📖 Einführung Schuldrecht BT 1 - §§ 437, 536, 634, 670 ff.
- 📖 Einführung Schuldrecht BT 2 - §§ 812, 823, 765 ff.
- 📖 Einführung Sachenrecht 1 – Mobiliarsachenrecht
- 📖 Einführung Sachenrecht 2 – Immobiliarsachenrecht
- 📖 Einführung Familienrecht
- 📖 Einführung Erbrecht
- 📖 🔊 Definitionen für die Zivilrechtsklausur

Strafrecht

- 📖 Standardfälle Band 1: für Anfänger
- 📖 Standardfälle Band 2: für Fortgeschrittene
- 📖 🔊 Standardfälle Strafrecht AT (für Anfänger)
- 📖 🔊 Basiswissen Strafrecht AT (Frage-Antwort)
- 📖 🔊 Basiswissen Strafrecht BT 1 (Frage-Antwort)
- 📖 🔊 Basiswissen Strafrecht BT 2 (Frage-Antwort)
- 📖 Einführung Strafrecht AT
- 📖 Einführung Strafrecht BT 1 – Vermögensdelikte
- 📖 Einführung Strafrecht BT 2 – Nichtvermögensdelikte
- 📖 🔊 Definitionen für die Strafrechtsklausur

Öffentliches Recht

- 📖 Standardfälle Staatsrecht 1 – Staatsorganisationsrecht
- 📖 Standardfälle Staatsrecht 2 – Grundrechte
- 📖 🔊 Standardfälle f. Anfänger (StaatsorgaR u. GrundR)
- 📖 Standardfälle Verwaltungsrecht AT
- 📖 Standardfälle Polizei- und Ordnungsrecht
- 📖 Standardfälle Baurecht
- 📖 Standardfälle Europarecht
- 📖 Standardfälle Kommunalrecht
- 📖 🔊 Basiswissen StaatsR 1 – StaatsorgaR (Frage-Antwort)
- 📖 🔊 Basiswissen StaatsR 2 – Grundrechte (Frage-Antwort)
- 📖 Basiswissen Verwaltungsrecht AT (Frage-Antwort)
- 📖 Studienbuch Staatsorganisationsrecht
- 📖 Studienbuch Grundrechte
- 📖 Studienbuch Verwaltungsrecht AT
- 📖 Studienbuch Europarecht
- 🔊 Hörbuch Basiswissen Europarecht
- 📖 Studienbuch Staatshaftungsrecht
- 📖 Verwaltungsrecht AT 1 – VwVfG
- 📖 Verwaltungsrecht AT 2 – VwGO
- 📖 Verwaltungsrecht BT 1 – Polizei und Ordnungsrecht
- 📖 Verwaltungsrecht BT 2 – Baurecht
- 📖 Verwaltungsrecht BT 3 – Umweltrecht
- 📖 🔊 Definitionen Öffentliches Recht

Sozialrecht

- 📖 Einführung Sozialrecht

Nebengebiete

- 📖 Standardfälle ZPO
- 📖 🔊 Standardfälle Handels- & Gesellschaftsrecht
- 📖 🔊 Standardfälle Arbeitsrecht
- 📖 🔊 Basiswissen Handelsrecht (Frage-Antwort)
- 📖 🔊 Basiswissen Gesellschaftsrecht (Frage-Antwort)
- 📖 🔊 Basiswissen StPO (Frage-Antwort)
- 📖 🔊 Basiswissen ZPO (Frage-Antwort)
- 📖 Einführung Handelsrecht
- 📖 Einführung Gesellschaftsrecht
- 📖 Einführung Arbeitsrecht
- 📖 Einführung Kollektives Arbeitsrecht
- 📖 Einführung ZPO I - Erkenntnisverfahren
- 📖 Einführung ZPO II - Zwangsvollstreckung
- 📖 Einführung StPO - Strafprozessordnung
- 📖 Einführung IPR - Internationales Privatrecht
- 📖 Standardfälle IPR - Internationales Privatrecht
- 📖 Einführung Insolvenzrecht
- 📖 Gewerblicher Rechtsschutz & Urheberrecht
- 📖 Einführung Wettbewerbsrecht
- 📖 Einführung Sportrecht

Karteikarten

- 📑 Grundlagen des Zivilrechts
- 📑 BGB Allgemeiner Teil
- 📑 Schuldrecht BT (§§ 433, 535, 631, 812, 823)
- 📑 Schemata Zivilrecht (AT, SchuldR, SachR, FamR)
- 📑 Strafrecht AT
- 📑 Strafrecht BT 1
- 📑 Strafrecht BT 2
- 📑 Streitfragen Strafrecht
- 📑 Staatsorganisationsrecht
- 📑 Grundrechte
- 📑 Verwaltungsrecht AT
- 📑 Schemata Öffentliches Recht

Die wichtigsten Schemata

- 📖 Band 1: Zivilrecht, Strafrecht, Öffentliches Recht
- 📖 Band 2: Arbeitsrecht, Handelsrecht, Gesellschaftsrecht, StPO, ZPO

Ratgeber Jurastudium

- 📖 Ratgeber 500 Spezial-Tipps für Juristen - Wie man geschickt durchs Studium und das Examen kommt

BWL

- 📖 Einführung in die Betriebswirtschaftslehre
- 📖 Organisationsgestaltung & -entwicklung
- 📖 Fallstudien Organisationsgestaltung & -entwicklung
- 📖 Internationales Management
- 📖 Wie gelingt meine wiss. Abschlussarbeit?
- 📖 Medienwirtschaft für Mediengestalter

Assessorexamen

- 📖 Der Aktenvortrag im Strafrecht
- 📖 Der Aktenvortrag im Zivilrecht
- 📖 Staatsanwaltl. Sitzungsdienst & Plädoyer

Irrtümer und Änderungen vorbehalten!

🔊 bedeutet: auch als **Hörbuch** lieferbar!

Bei **niederle-media.de** bestellte Bücher treffen idR *nach 1-2 Werktagen* ein!

Lektion 1: Der Erbfall

I. Die Gesamtrechtsnachfolge, § 1922

Mit dem Tode einer Person tritt die sog. Gesamtrechts-nachfolge gem. § 1922 ein. Das Vermögen des Erblassers geht als Ganzes auf den oder die Erben über, sog. *Universalsukzesssion*. Nur in wenigen Ausnahmefällen (insbesondere beim erbrechtlichen Übergang von Gesellschaftsanteilen) gibt es eine *Singularsukzession*, d. h. eine Rechtsnachfolge in einzelne Vermögensstücke.

Höchstpersönliche Rechte sind nur in Ausnahmefällen vererblich. Für bestimmte, an sich höchstpersönliche Rechtspositionen ist eine Vererblichkeit ausdrücklich vorgesehen, z. B. für Urheberrechte in §§ 28, 64 UrhG. Ausdrücklich nicht vererblich ist der Nießbrauch gem. § 1061 S. 1.

Der Vermögenserwerb gem. § 1922 vollzieht sich gesetzlich, ohne dass es dabei auf Kenntnis oder Willen des Erben ankäme. Gemäß § 857 erwirbt der Erbe auch den sog. *Erbenbesitz*.

1. Abgrenzung Erbeinsetzung – Vermächtnis

Wendet der Erblasser einer Person bestimmte Vermögensgegenstände zu, stellt sich die Frage, ob der Begünstigte *Erbe* oder *Vermächtnisnehmer* im Sinne der §§ 2147 ff. sein soll. Dabei handelt es sich um ein klassisches Auslegungsproblem. Ein Vermächtnis unterscheidet sich von der Erbeinsetzung dadurch, dass es dem Vermächtnisnehmer nur einen *schuldrechtlichen Anspruch* gegen den oder die Erben als Beschwerte gewährt, § 2174. Anders als der Erbe ist der Vermächtnisnehmer nicht dinglich am Nachlass beteiligt.

Zunächst kommt es bei der Abgrenzung auf den Willen des Erblassers an, welche Konstruktion er bevorzugt hat. Die verwendete Formulierung dürfte dabei keine Rolle spielen, da juristische Laien die Begriffe „erben" und „vermachen" in der Regel untechnisch verwenden. Im Zweifel hilft die Auslegungsregel des § 2087 weiter. Gemäß § 2087 I ist von einer Erbeinsetzung auszugehen, wenn der Erblasser dem Bedachten sein Vermögen oder einen Bruchteil seines Vermögens zugewendet hat. Die Zuwendung *einzelner Gegenstände* spricht dagegen für ein Vermächtnis (vgl. § 2087 II).

Erbringt der Verpflichtete die geschuldete Leistung nicht ordnungsgemäß, ergeben sich die Rechtsfolgen konsequenterweise aus dem allgemeinen Schuldrecht, insbesondere den §§ 275, 280, 283, 286. Für die Haftung wegen Mängeln des vermachten Gegenstandes treffen die §§ 2182 f. Sonderregelungen.

Beispiel 1: Vater V trifft folgende testamentarische Verfügung: „Hiermit setze ich meinen Sohn S als Erben ein. Mein Neffe N soll mein Motorrad erhalten". Mit dem Tod des V wird S gem. § 1922 automatisch Eigentümer des gesamten Vermögens des V. Dafür, dass V eine dingliche Berechtigung des N am Nachlass wollte, ist nichts ersichtlich. Die Zuwendung des Motorrades an N als einzelner Gegenstand stellt daher ein Vermächtnis dar (vgl. § 2087 II). N kann von S gem. § 2174 Übereignung des Motorrades verlangen.

Abwandlung: Das Motorrad wird nach dem Tod des V in der Garage des S durch dessen Verschulden zerstört. Ansprüche des N?

Lösung: N kann unter den Voraussetzungen der §§ 280 I, III, 283 Schadensersatz statt der Leistung verlangen. Da die Übereignung des Motorrades dem S unmöglich ist, braucht dieser die ursprünglich geschuldete Leistung gem. § 275 I nicht mehr zu erbringen. S hat die Zerstörung des Motorrades auch gemäß § 280 I 2 verschuldet, so dass er dem N gem. §§ 280 III, 283 zum Schadensersatz statt der Leistung verpflichtet ist.

2. Annahme und Ausschlagung der Erbschaft

Der Anfall einer Erbschaft bringt für den Bedachten nicht nur Vorteile mit sich: Da er im Wege der Gesamtrechtsfolge *vollständig* in die Stellung des Erblassers einrückt, haftet er nunmehr auch für dessen Verbindlichkeiten (wie § 1967 zusätzlich klarstellt). Insbesondere bei einer Überschuldung des Nachlasses kommt dem Erben die Tatsache zugute, dass seine kraft Gesetzes erlangte Stellung zunächst nur vorläufig ist.

a) Ausschlagung der Erbschaft

Gem. § 1942 I hat der Erbe die Möglichkeit, die kraft Gesetzes auf ihn übergegangene Erbschaft auszuschlagen. Binnen sechs Wochen (§ 1944 I) kann er erklären, dass er die Erbschaft nicht antreten will. Die Erklärung ist gem. § 1945 gegenüber dem Nachlassgericht (vgl. dazu § 344 VII FamFG) formgerecht abzugeben. Mit der wirksamen Ausschlagung verliert der Erbe rückwirkend die durch den Erbfall eingetretene vorläufige Rechtsstellung (§ 1953 I). In diese Stellung rückt gem. § 1953 II derjenige ein, der zum Erben berufen sein würde, wenn der Ausschlagende zur Zeit des Erbfalls nicht gelebt hätte. Die Ausschlagung ist gemäß § 1943 ausgeschlossen, sobald der Erbe die Erbschaft angenommen hat.

b) Annahme der Erbschaft

Da sich der Rechtsübergang bei der Erbschaft im Wege des gesetzlichen Vonselbsterwerbs vollzieht, ist eine Annahme der Erbschaft grundsätzlich entbehrlich. Gleichwohl ist eine Annahme sowohl ausdrücklich als auch konkludent denkbar und hat durchaus auch rechtliche Bedeutung: Wie bereits festgestellt, hat sie den *Verlust des Aus-*

10

schlagungsrechts zur Folge. Dadurch beendet sie gleichzeitig den Schwebezustand vom Anfall der Erbschaft bis zum Ablauf der Ausschlagungsfrist.

Für die *Annahme* einer Erbschaft gibt es kein Formerfordernis. Sie kann auch durch schlüssiges Verhalten erfolgen und ist nicht empfangsbedürftig. Auch das Verstreichenlassen der Ausschlagungsfrist gilt gem. § 1943 als Annahme. Ob ein bestimmtes Verhalten als Annahme der Erbschaft zu werten ist, bedarf der Auslegung im Einzelfall.

Beispiel 2: Sohn S ist von seiner Mutter M durch testamentarische Verfügung zum Alleinerben eingesetzt worden. Zum Nachlass der M gehören einige wertvolle Gemälde, die S an einen Sammler veräußert. Außerdem beantragt er einen Erbschein, dessen Vorlage die Bank von ihm verlangt, um über das Konto der M verfügen zu können. Fünf Wochen nach dem Tod der M erfährt S, dass M Schulden hatte, die den Wert des Nachlasses bei weitem übersteigen. S hat nun kein Interesse an der Erbschaft mehr und fragt, was er tun soll, um für die Schulden nicht haften zu müssen.

Lösung: Als Erbe haftet S gem. § 1967 auch für die Schulden der M. Fraglich ist, ob S die Erbschaft gem. § 1942 I ausschlagen kann. Die Ausschlagungsfrist von sechs Wochen gem. § 1944 I ist noch nicht abgelaufen. Die Ausschlagung ist jedoch gem. § 1943 ausgeschlossen, wenn S die Erbschaft bereits angenommen hat. *Ausdrücklich* hat der S die Annahme nicht erklärt. Eine *konkludente* Annahme könnte aber in der Veräußerung der Gemälde zu sehen sein. Zur Verfügung über Nachlassgegenstände ist grundsätzlich nur der Erbe berechtigt, so dass darin ein Indiz für eine Erbschaftsannahme zu sehen sein könnte. Ausnahmsweise können unter der Voraussetzung des § 1959 II jedoch auch Verfügungen des nur vorläufigen Erben wirksam sein. Entscheidendes Kriterium für die Annahme der Erbschaft ist hier jedoch die Beantragung eines Erbscheins durch S. Da er hiermit konkludent die Annahme erklärt hat, kann er sich der Schulden nicht mehr durch Ausschlagung der Erbschaft entledigen.

Sowohl Annahme als auch Ausschlagung der Erbschaft sind gem. § 1946 erst *nach Eintritt* des Erbfalls möglich.

c) Anfechtung von Annahme bzw. Ausschlagung

Bei Annahme und Ausschlagung der Erbschaft handelt es sich um Willenserklärungen, die gem. §§ 119, 123 angefochten werden können. Eine solche Anfechtung ist für den Erben vor allem dann von Interesse, wenn er wie im obigen Beispiel erst nach der Annahme der Erbschaft Kenntnis von erheblichen Verbindlichkeiten des Erblassers erhält. Nach der Rechtsprechung und herrschenden Meinung stellt die Überschuldung des Nachlasses eine *verkehrswesentliche Eigenschaft* dar, so dass ein Irrtum hierüber gem. § 119 II zur Anfechtung berechtigt. Denkbar ist auch die Anfechtung einer Annahmeerklärung, die durch schlüssiges Verhalten erfolgt ist. Hier kann nach der Rechtsprechung ein Inhaltsirrtum vorliegen, wenn der Erbe weder weiß noch will, dass er mit seiner auf etwas anderes als die Annahme gerichteten Erklärung das Ausschlagungsrecht verliert. Abzugrenzen ist diese Konstellation von dem Fall, in dem der Annehmende den Erklärungswert seines Verhaltens kennt, sich aber der Möglichkeit der Ausschlagung nicht bewusst ist. In diesem Fall stimmen wirklicher und erklärter Wille überein, und die Unkenntnis des Ausschlagungsrechts begründet bloß einen unbeachtlichen Rechtsirrtum.

Beispiel 3: Sohn S ist Alleinerbe seines Vaters V. Er beantragt einen Erbschein in dem Glauben, dass außer einer geringen Restbelastung seines geerbten Elternhauses zum Todeszeitpunkt seines Vaters keine wesentlichen Verbindlichkeiten mehr bestanden. Danach stellt er fest, dass der Nachlass überschuldet ist. - S kann seine konkludente Annahmeerklärung innerhalb von sechs Wochen durch Erklärung gegenüber dem Nachlassgericht anfechten. Anfechtungsgrund ist gem. § 119 II der Irrtum über eine verkehrswesentliche Eigenschaft des Nachlasses. Eine Anfechtung gem. § 119 I wegen Inhaltsirrtums scheidet dagegen aus. Bei der Beantragung des Erbscheins dürfte dem S der Erklärungswert seines Verhaltens, das eindeutig auf den Willen zur Annahme der Erbschaft schließen lässt, bewusst gewesen sein.

Abwandlung: S weiß bei der Erbscheinsbeantragung von der Überschuldung des Nachlasses. Trotzdem nimmt er die Erbschaft an, weil er davon ausgeht, dass er als Erbe für die Schulden seines Vaters rechtlich „geradestehen" muss". - Ein Anfechtungsgrund für S liegt nicht vor: Die Überschuldung des Nachlasses war dem S bekannt, und er hat die erklärte Annahme auch gewollt. Dass er sich irrig für verpflichtet hielt, die Erbschaft anzunehmen, ist ein unbeachtlicher Motivirrtum.

Die §§ 2078, 2079 (Anfechtungsgründe bei letztwilligen Verfügungen) haben für die Anfechtung der Annahme bzw. Ausschlagung keine Geltung!

Gem. §§ 1954, 1955 muss die Anfechtung der Annahme bzw. der Ausschlagung innerhalb von sechs Wochen gegenüber dem Nachlassgericht erklärt werden. Sie bedarf gem. § 1955 S. 2, 1945 derselben Form wie die Ausschlagung. § 1957 bestimmt, dass die Anfechtung der Annahme als Ausschlagung und die Anfechtung der Ausschlagung als Annahme gilt.

3. Die Erbengemeinschaft gem. §§ 2032 ff.

Mehrere Erben, die kraft Gesetzes oder durch Verfügung von Todes wegen berufen worden sind, bilden eine Miterbengemeinschaft im Sinne des § 2032 I. Sie haben am Nachlass gesamthänderisches Eigentum. Ihnen stehen also jeweils nur Bruchteile des gesamten Nachlasses zu, nicht aber Bruchteilsrechte an einzelnen Nachlassgegenständen. Diese Rechtsgestaltung hat erhebliche Auswirkungen auf die Verpflichtungs- und Verfügungsrechte der einzelnen Miterben am Nachlass.

Die Miterbengemeinschaft ist grundsätzlich nicht auf Dauer, sondern auf Auseinandersetzung angelegt. Gemäß § 2042 I hat jeder Miterbe gegen die anderen einen entsprechenden Anspruch.

Neben der Gesellschaft (§ 718) und der ehelichen Gütergemeinschaft (§ 1416) ist die Erbengemeinschaft eine der
drei im BGB geregelten Gesamthandsgemeinschaften.
Anders als nach seiner neueren Rechtsprechung zur GbR
lehnt der BGH eine *Rechtsfähigkeit der Erbengemeinschaft* jedoch eindeutig ab!

a) Verfügungsrecht des Miterben gemäß § 2033

§ 2033 zieht aus der gesamthänderischen Bindung der
Miterben die Konsequenzen für deren Verfügungsrechte.
Gem. § 2033 I kann jeder Miterbe über seinen Anteil am
Nachlass verfügen, wofür gem. § 2033 I 2 ein besonderes
Formerfordernis besteht. Ausgeschlossen ist jedoch gem.
§ 2033 II die Verfügung eines Miterben über seinen Anteil
an einzelnen Nachlassgegenständen. Da alle Miterben an
allen Nachlassgegenständen gemeinsam dinglich berechtigt sind, können die Erben hierüber gem. § 2040 I nur
gemeinschaftlich verfügen.

Wer von einem Miterben gem. § 2033 I dessen sog. *Erbteil* erwirbt, tritt an Stelle des Miterben mit allen Rechten
und Pflichten in dessen vermögensrechtliche Stellung am
Nachlass ein. Das bedeutet z. B., dass er Schuldner des
Auseinandersetzungsanspruchs der übrigen Miterben wird
und mit diesen für die Nachlassverbindlichkeiten haftet.
Die Miterbenstellung als solche ist jedoch an die Person
des Miterben geknüpft und verbleibt bei ihm selbst.

Eine Erbteilsverfügung im Sinne des § 2033 I kann für
einen Miterben vor allem dann lukrativ sein, wenn er seinen angefallenen Erbteil möglichst zügig wirtschaftlich ver-
werten will, ohne eine unter Umständen langwierige Auseinandersetzung der Erbengemeinschaft abwarten zu
müssen. Dabei ist allerdings die Verfügung selbst strikt zu

trennen von dem zugrundeliegenden Kausalgeschäft (regelmäßig ein Erbschaftskauf gem. § 2371). Dieses verschafft dem Miterben einen schuldrechtlichen Anspruch auf den wirtschaftlichen Gegenwert des zu veräußernden Erbteils.

Die übrigen Miterben werden häufig ein Interesse daran haben, das Eindringen eines Nichterben in die Erbengemeinschaft zu verhindern. Immerhin müssen sie sonst die Verwaltung und Auseinandersetzung des Nachlasses mit dem fremden Erwerber gemeinsam betreiben. Daher räumt ihnen das Gesetz in § 2034 ein *Vorkaufsrecht* ein. Durch dessen fristgemäße Ausübung (vgl. § 2034 II) erhalten die Miterben einen Anspruch auf Übertragung des Erbteils des veräußernden Miterben. Bei Erfüllung erwerben sie diesen Erbteil wiederum gesamthänderisch.

b) Verwaltung des Nachlasses

Die Befugnis der Erben zur Verwaltung des Nachlasses ist in § 2038 geregelt und hängt von der Art der getroffenen Maßnahmen ab. In allen Fällen umfasst die Verwaltung im Sinne dieser Norm nicht nur das Innenverhältnis der Erben (also die interne Beschlussfassung), sondern auch das Außenverhältnis. Die Erben, die innerhalb des durch § 2038 gesteckten Rahmens handeln, verfügen also auch über entsprechende Vertretungsmacht gegenüber Dritten.

§ 2038 I 1 bestimmt, dass die Verwaltung des Nachlasses den Erben *gemeinschaftlich* zusteht. § 2038 I 2 und § 2038 II regeln Ausnahmen von diesem Grundsatz. § 2038 II verweist unter anderem auf § 745, wonach eine Maßnahme der ordnungsmäßigen Verwaltung durch Stimmenmehrheit beschlossen werden kann. Dazu gehören alle Maßnahmen, die der Beschaffenheit des Gegenstandes und dem Interesse aller Miterben nach billigem

Er-messen entsprechen. Eine wesentliche Veränderung des Gegenstandes fällt nicht darunter, § 2038 II i.V.m. § 745 III.

Beispiel 4: A, B und C haben das Einfamilienhaus ihrer Eltern geerbt. Keiner der Erben will das Haus selbst bewohnen. A und B einigen sich, das Haus an X für 1.000 € monatlich zu vermieten. C ist dagegen. - Bei der Vermietung handelt es sich um eine Maßnahme der ordnungsgemäßen Verwaltung im Sinne des § 2038 II in Verbindung mit § 745, die A und B mit Stimmenmehrheit beschließen konnten. Die Verwaltung des Nachlasses schließt den Abschluss eines Mietvertrages als Verpflichtungsgeschäft mit ein. Im Rahmen ihrer Verwaltungsbefugnis haben A und B auch Vertretungsmacht. Sie können sich daher wirksam mit X vertraglich einigen.

Gemäß § 2038 I 2 kann jeder Miterbe allein die zur Erhaltung des Nachlasses notwendigen Maßnahmen treffen. Notwendig ist eine Maßnahme, wenn sie im Interesse der Gemeinschaft zur Erhaltung der Substanz oder des wirtschaftlichen Wertes im Rahmen ordnungsgemäßer Verwaltung objektiv erforderlich ist.

Beispiel 5: Vgl. *Beispiel 4*. A stellt bei einem Besichtigungstermin fest, dass das Dach des geerbten Hauses undicht ist. Er beauftragt einen Handwerker, der die schadhafte Stelle umgehend repariert. Hierbei handelt es sich um eine Maßnahme der notwendigen Verwaltung, da ohne Reparatur eine baldige Schädigung der Bausubstanz durch Wassereinbrüche zu befürchten gewesen wäre. A durfte den Handwerker gemäß § 2038 I 2 ohne Mitwirkung von B und C beauftragen. Er hatte auch die nötige Vertretungsmacht zum Abschluss eines Werkvertrages im Namen der Erbengemeinschaft.

Maßnahmen, die über die ordnungsmäßige Verwaltung hinausgehen, können nach dem Grundsatz in § 2038 I 1 nur alle Miterben gemeinschaftlich treffen.

Beispiel 6: Vgl. *Beispiel 5*. A und B verkaufen das Haus notariell an X. Es handelt sich nicht mehr um eine Maßnahme der ordnungsmäßigen Verwaltung, so dass ein Verkauf nur gemeinschaftlich mit C möglich wäre. A und B sind weder im Innenverhältnis gegenüber C zum Verkauf berechtigt, noch haben sie im Außenverhältnis die nötige Vertretungsmacht.

Verwaltungsmaßnahmen der Erbengemeinschaft

Ordnungsgemäße Verwaltung	Nicht ordnungsgemäße Verwaltung	Notwendige Verwaltung
Mehrheitsbeschluss, §§ 2038 II, 745	Einstimmigkeit, § 2038 I 1	Entscheidungsbefugnis jedes einzelnen Miterben, § 2038 I 2, 2. HS
Geschäftsführungsbefugnis im Innenverhältnis umfasst jeweils auch Vertretungsbefugnis nach außen (Abschluss von Verpflichtungsgeschäften)		

Vom Innenverhältnis der Erbengemeinschaft und der parallel ausgestalteten Verpflichtungsbefugnis der Miterben ist ihre Befugnis zu unterscheiden, Verfügungen über den Nachlass zu treffen. Dieses Recht steht gem. § 2040 I nur allen Miterben *gemeinschaftlich* zu. Es ist allerdings ausreichend, wenn die anderen in die Verfügung eines Miterben eingewilligt haben oder diese nachträglich genehmigen; ein gleichzeitiges Handeln ist nicht erforderlich.

Seinem Wortlaut nach gilt § 2040 I für *alle* Arten von Geschäften. Das rechtsgeschäftliche Handeln wird dadurch sehr schwerfällig. Außerdem ist es ja auch denkbar, dass ein Verfügungsgeschäft begrifflich eine derjenigen Verwaltungsmaßnahmen darstellt, die gemäß § 2038 von der Mehrheit der Erben oder sogar einem Erben allein getroffen werden können. Die herrschende Meinung allerdings sieht § 2040 I grundsätzlich als *Spezialvorschrift* zu § 2038 und verlangt daher auch für *Verfügungsgeschäfte* im Rahmen der ordnungsgemäßen Verwaltung Einstimmigkeit unter den Miterben. Allenfalls bei notwendigen Erhaltungsmaßnahmen im Sinne des § 2038 I 2 2. HS gesteht sie dem einzelnen Miterben auch die entsprechende Verfügungsbefugnis zu.

Eine weitere Sonderregelung stellt § 2039 dar, der die Geltendmachung von Nachlassansprüchen regelt. Diese Befugnis dürfte nach dem Gesamthandsprinzip an sich nur allen Erben gemeinsam zustehen; andererseits gehört die Anspruchsgeltendmachung auch zur Nachlassverwaltung, so dass die in § 2038 geregelten Grundsätze Anwendung finden könnten. Das Gesetz trifft jedoch in § 2039 eine ganz eigene Regelung, wonach jeder Miterbe solche Ansprüche allein geltend machen, aber nur Leistung *an alle* Erben fordern kann. Prozessual handelt es sich dabei um einen Fall der gesetzlichen Prozessstandschaft.

c) Auseinandersetzung

Die gesamthänderische Bindung am Nachlass ist für die Erben auf die Dauer unpraktisch und behindert die ungehinderte Nutzung oder wirtschaftliche Verwertung ihres Erbes. Daher ist die Erbengemeinschaft grundsätzlich auf *Auseinandersetzung* angelegt. Jeder Miterbe kann die Auseinandersetzung gemäß § 2042 grundsätzlich jederzeit von seinen Miterben verlangen. Vor der Verteilung des Nachlasses unter den Miterben (vgl. § 2047) sind alle noch ausstehenden Rechtsgeschäfte zu erledigen und insbesondere gem. § 2046 die Nachlassgläubiger zu befriedigen.

Wenn die Erben keine Einigung über die Verteilung des Nachlasses erzielen, muss die Auseinandersetzung gem. §§ 2042 II, 750 ff. durch Versteigerung und Aufteilung des Erlöses entsprechend der Erbquote erfolgen.

Beispiel 7: V hat seinen Kindern A, B und C zu gleichen Teilen sein Wohnhaus, ein Ferienhaus und ein Auto hinterlassen. Dafür wird ein Versteigerungserlös von insgesamt 750.000 € (500.000 € + 200.000 € + 50.000 €) erzielt. Jedes der Kinder erhält entsprechend seiner Erbquote von 1/3 aus dem Erlös 250.000 €.

Die Erben können jedoch auch einen Auseinandersetzungsvertrag schließen. In einem solchen Vertrag wird die Übertragung einzelner Nachlassgegenstände auf einen oder mehrere Miterben vereinbart. Ist der Wert des jeweiligen Gegenstandes höher als derjenige des Erbanteils, erfolgt der Ausgleich durch Zahlung des Differenzbetrages in den Nachlass.

Beispiel 8: Vgl. *Beispiel 7*. A, B und C einigen sich, dass A das Wohnhaus, B das Ferienhaus und C das Auto erhalten soll. Wenn die oben genannten Versteigerungserlöse dem tatsächlichen Wert der jeweiligen Gegenstände entsprechen, werden die Erben vereinbaren, dass A 250.000 € in den Nachlass zahlen muss. B erhält neben dem Ferienhaus einen Betrag von 50.000, C neben dem Auto 200.000 €.

II. Die Haftung des Erben

Mit dem Erbfall haftet der Erbe gem. § 1967 I für die Nachlassverbindlichkeiten. Mehrere Erben haften gem. § 2058 gesamtschuldnerisch.

1. Die Nachlassverbindlichkeiten

a) Erblasserschulden

Zu den Nachlassverbindlichkeiten im Sinne des § 1967 II gehören zunächst die sog. *Erblasserschulden*, also die vom Erblasser herrührenden Schulden. Dabei ist es ausreichend, wenn die wesentliche Entstehungsgrundlage der Verbindlichkeit schon vor dem Erbfall gegeben war und damit noch der Sphäre des Erblassers zuzurechnen ist. Das kann zum Beispiel bei der Verletzung einer Verkehrssicherungspflicht durch den Erblasser der Fall sein, die erst nach seinem Tod zum Schaden geführt hat.

Beispiel 9: Auf dem Grundstück des Vaters V ist eine Gehwegplatte lose. V ist selbst bereits einmal beinahe gestürzt, als die Platte beim Darauftreten nachgegeben hatte. Äußerlich ist die Gefahr jedoch nicht erkennbar. Kurz nachdem V gestorben ist und sein Sohn S das Grundstück geerbt hat, verletzt sich ein Fußgänger schwer, weil er infolge der losen Platte umknickt und sich den Knöchel bricht. - Es handelt sich hier ausschließlich um eine Erblasserschuld, da allein V die nötige Kenntnis zur Beseitigung der Gefahrenquelle besaß. Er hat zu Lebzeiten seine Verkehrssicherungspflicht schuldhaft verletzt, während S infolge seiner Unkenntnis kein eigenes Verschulden trifft.

Für die Abgrenzung der Erblasserschulden von den Eigenschulden des Erben sind die Umstände des Einzelfalls maßgeblich. Hätte S im obigen Beispiel Kenntnis von der objektiven Gefahrenlage gehabt oder wäre diese sogar erst nach dem Tod des V entstanden, müsste er für die entstandene deliktische Verbindlichkeit auch bzw. nur persönlich haften.

Für den Erben hat die Unterscheidung zwischen Erblasser- und Eigenverbindlichkeiten erhebliche Bedeutung, da er nur für die Erblasserschulden seine Haftung auf den Nachlass beschränken kann.

20

b) Erbfallschulden

Erbfallschulden sind solche Verbindlichkeiten, die den Erben aufgrund seiner Erbenstellung treffen und die erst *mit dem Erbfall* entstehen. Zu den Erbfallschulden gehören zunächst die Verbindlichkeiten, die der Erbe aufgrund von Pflichtteilsrechten, Vermächtnissen und Auflagen zu erfüllen hat. Auch die Kosten der standesgemäßen Beerdigung, die der Erbe gemäß § 1968 zu tragen hat, fallen unter die Erbfallschulden. Schließlich sind auch die ggf. anfallende Erbschaftssteuer und der Zugewinnausgleichsanspruch gemäß § 1371 typische Beispiele für Erbfallschulden.

c) Erbschaftsverwaltungsschulden

Erbschaftsverwaltungsschulden (manchmal auch Nachlasskostenschulden genannt) sind solche Schulden, die nach dem Tode des Erblassers durch die Verwaltung und Abwicklung des Nachlasses entstanden sind. Dazu zählen z. B. die Kosten der Testamentseröffnung und der Inventarerrichtung gem. §§ 1993 ff. Auch die Verpflichtungen, die im Zuge der Verwaltung des Nachlasses durch einen Dritten entstanden sind, etwa aus Geschäften des Nachlasspflegers oder Testamentsvollstreckers, sind Erbschaftsverwaltungsschulden.

d) Nachlasserbenschulden

Die sog. Nachlasserbenschulden zeichnen sich dadurch aus, dass neben dem Nachlass auch der Erbe persönlich dem Gläubiger haftet. In der Regel entstehen solche Verbindlichkeiten, wenn der Erbe im Rahmen der ordnungsgemäßen Verwaltung des Nachlasses Verträge schließt, ohne eine Haftung mit dem eigenen Vermögen ausdrück-

lich auszuschließen. Der Gläubiger einer Nachlasserben-
schuld kann dann sowohl in den Nachlass als auch in das
Eigenvermögen des Erben vollstrecken.

Beispiel 10: Vgl. *Beispiel 9*. Da S von der schadhaften Platte weiß,
beauftragt er den Handwerker H mit der Ausbesserung des Weges,
bevor jemand zu Schaden kommt. Es handelt sich um eine Maßnahme
der ordnungsmäßigen Nachlassverwaltung. Dabei kommt es allein auf
die objektiven Umstände an, ohne dass der Geschäftspartner die Verbindung zum Nachlass erkennen muss. H ist mit seinem Werklohnan-
spruch gleichzeitig Gläubiger des Nachlasses und des S.

2. Die Beschränkung der Erbenhaftung

Die Haftung des Erben für die Nachlassverbindlichkeiten
ist gem. § 1967 grundsätzlich unbeschränkt. Der Erbe
haftet also auch mit seinem Eigenvermögen. Allerdings
räumt ihm das Gesetz in den §§ 1975 ff. die Möglichkeit
ein, seine Haftung gegenüber den Nachlassgläubigern auf
den Nachlass zu beschränken.

a) Nachlassverwaltung und Nachlassinsolvenz, §§ 1975, 1980, 1981

Der Erbe und die Nachlassgläubiger können gemäß
§§ 1981, 1980 die Nachlassverwaltung beantragen.
Dadurch tritt eine dauernde Trennung von Nachlass und
Eigenvermögen ein, so dass die Nachlass- bzw. Eigen-
gläubiger jeweils nur noch in eines der beiden Haftungsob-
jekte vollstrecken können. Der Erbe verliert gem. § 1984 I
die Befugnis, den Nachlass zu verwalten oder über ihn zu
verfügen.

Während der Erbe die Nachlassverwaltung gem. § 1981 I ohne weitere Voraussetzungen beantragen kann, steht dieses Recht den Nachlassgläubigern gem. § 1981 II nur bei der begründeten Annahme zu, dass ihre Befriedigung durch das Verhalten oder die Vermögenslage des Erben gefährdet wird. Eröffnungsgründe für das Nachlassinsolvenzverfahren sind gem. § 320 InsO Zahlungsunfähigkeit, Überschuldung des Nachlasses und drohende Zahlungsunfähigkeit.

b) Dürftigkeitseinrede, § 1990

Wenn der Wert des Nachlasses zu gering ist, um die Kosten der Nachlassverwaltung bzw. des Nachlassinsolvenzverfahrens zu decken, kann der Erbe gemäß § 1990 I die *Dürftigkeitseinrede* erheben.

Eine Beschränkung der Erbenhaftung gemäß §§ 1975 ff. erlangt erst im Vollstreckungsverfahren Bedeutung. Trotz einer solchen Beschränkung kann der Erbe zu Zahlungen verurteilt werden, die die Höhe des Nachlasses übersteigen. Hat er die Haftungsbeschränkung im Prozess geltend gemacht, kann er sich dann aber in der anschließenden Zwangsvollstreckung gem. §§ 785, 767 I mit der Vollstreckungsgegenklage wehren.

III. Ansprüche d. Erben gegen unrechtmäßige Besitzer

I. Einzelansprüche (in Verbindung mit § 2029)
   1. Herausgabeanspruch gemäß § 985
   2. Besitzschutzansprüche, §§ 861, 862, 1007
   (beachte § 857!)
   3. Deliktische Ansprüche, §§ 823 ff., 249
II. Erbschaftsanspruch gemäß 2018

1. Einzelansprüche des Erben

Der Erbe ist ab dem Zeitpunkt des Erbfalls als Eigentümer und Besitzer der zum Nachlass gehörenden Gegenstände durch verschiedene Einzelansprüche gegen Beeinträchtigungen geschützt. Dabei bewirkt der fiktive Erbenbesitz gem. § 857, dass der Erbe schon vor Erlangung der tatsächlichen Sachherrschaft Besitzschutzansprüche geltend machen kann.

Dem Erben stehen insbesondere der Herausgabeanspruch gegen den unrechtmäßigen Besitzer gemäß § 985 sowie § 1007 und die Ansprüche bei Besitzentziehung bzw. Besitzstörung gem. §§ 861, 862 zur Verfügung. Ein Herausgabeanspruch kann sich bei einer deliktischen Eigentums- bzw. Besitzverletzung auch aus § 823 I in Verbindung mit § 249 (Naturalrestitution) ergeben.

2. Der Erbschaftsanspruch gemäß § 2018

1. Gläubiger = Erbe
2. Schuldner = Erbschaftsbesitzer
   a) hat etwas aus dem Nachlass erlangt
   b) aufgrund eines ihm nicht zusteh. Erbrechts
3. Rechtsfolge: §§ 2018 ff.

Eine Besonderheit gegenüber diesen Einzelansprüchen stellt die sog. *Gesamtklage* gem. § 2018 dar. Während die oben genannten allgemeinen Herausgabeansprüche sich immer nur auf einzelne Gegenstände beziehen, gewährt § 2018 dem Erben gegen den Erbschaftsbesitzer einen Anspruch auf Herausgabe des Nachlasses als Ganzes.

Erbschaftsbesitzer ist derjenige, der auf Grund eines ihm in Wirklichkeit nicht zustehenden Erbrechts etwas aus der Erbschaft erlangt hat. Als erlangtes „etwas" kommt jede vermögenswerte Position in Betracht.

Subjektiv muss der Anspruchsgegner sich ein vermeintliches Erbrecht anmaßen. Stützt der Besitzer sein Besitzrecht auf dingliche oder schuldrechtliche Ansprüche (wie z. B. der Nießbraucher oder der Mieter) oder kann er - wie der Dieb - gar kein Besitzrecht für sich reklamieren, greift § 2018 nicht ein. Der Erbe bleibt auf seine Einzelansprüche verwiesen. Allerdings richtet sich die Haftung für die Einzelansprüche gem. § 2029 nach den Regeln der §§ 2018 ff. Besonderheiten bestehen vor allem bei Nutzungs- und Verwendungsersatz gem. §§ 2020 bzw. 2022, die von den 987 ff. abweichende Regelungen treffen.

Häufig werden sich Erbschaftsgegenstände nicht mehr im Vermögen des Erbschaftsbesitzers befinden, weil dieser schon darüber verfügt hat. Auch dann soll § 2018 dem Erben noch den Zugriff auf den wirtschaftlichen Wert des Nachlasses insgesamt ermöglichen. Daher gilt gem. § 2019 auch dasjenige als aus der Erbschaft erlangt, was der Erbschaftsbesitzer mit Mitteln aus der Erbschaft rechtsgeschäftlich erwirbt. Es handelt sich um einen Fall der *dinglichen Surrogation.*

Beispiel 11: Vater V hat unter anderem ein wertvolles Gemälde, ein Auto und ein Motorrad hinterlassen. Sein Sohn S geht nach dem Tode des V davon aus, dass er im Wege der gesetzlichen Erbfolge Alleinerbe des V geworden ist. Er nimmt das Gemälde und die Fahrzeuge zunächst an sich. Das Motorrad verkauft er kurz darauf an K, weil er einen günstigen Preis dafür erzielen kann. Das Auto, das er selbst benutzt, wird bei einem Unfall vollständig zerstört. Einen Monat später findet sich ein wirksames Testament, in dem V seinen Bruder B zum Alleinerben eingesetzt hat. Was kann B von S gem. §§ 2018 ff. verlangen?

Lösung

1) B könnte gegen S einen Anspruch aus § 2018 haben. B ist aufgrund des wirksamen Testaments Erbe des V. S, der die Sachen aufgrund seines vermeintlichen gesetzlichen Erbrechts an sich genommen hat, ist Erbschaftsbesitzer. Gegenstand des Anspruchs ist die Herausgabe des aus der Erbschaft Erlangten. S muss also das noch in seinem Besitz befindliche Gemälde herausgeben. Außerdem kann B von S wegen § 2019 I den für das Motorrad erzielten Kaufpreis verlangen:

Den Kauferlös hat S durch Rechtsgeschäft mit Mitteln der Erbschaft erworben. Bezüglich des zerstörten Autos ergibt sich aus § 2021 die Anwendbarkeit der Bereicherungsgrundsätze. Wegen Entreicherung gem. § 818 III ist der Anspruch im Ergebnis ausgeschlossen.

2) Hinsichtlich des zerstörten Autos kommt ein Schadensersatzanspruch gem. §§ 2024, 2023 in Betracht. Bei Rechtshängigkeit oder Bösgläubigkeit des Erbschaftsbesitzers verweisen §§ 2024, 2023 für die Schadensersatzhaftung auf die Vorschriften des EBV. Da S jedoch zunächst gutgläubig war, scheiden Ersatzansprüche aus §§ 2023 f., 989 f. aus.

3) Auch ein Schadensersatzanspruch aus §§ 2025, 823 I wegen der Zerstörung des Autos scheidet im Ergebnis aus. Gemäß   § 2025 S. 2 kommt eine deliktische Haftung des gutgläubigen Erbschaftsbesitzers nur in Betracht, wenn der Erbe den Besitz der Sache bereits tatsächlich ergriffen hatte. Das war vorliegend nicht der Fall.

Abwandlung: B hängt an dem Motorrad seines Bruders, mit dem die beiden oft zusammen Spritztouren unternommen haben. Er möchte das Motorrad selbst wiederhaben. Zu Recht?

Lösung

1) B kann gem. § 985 Herausgabe des Motorrads von dem Käufer K als Besitzer verlangen. Als Erbe hat B Eigentum an dem Motorrad erworben, das er auch nicht durch gutgläubigen Erwerb des K verloren hat: Da B mit dem Erbfall fiktiven Erbenbesitz gem. § 857 an dem Motorrad hatte, ist es ihm durch die Ansichnahme und eigenmächtige Veräußerung durch S gemäß § 935 abhanden gekommen.

2) B müsste *Eigentümer* des Motorrads sein. B ist nicht mehr Eigentümer, wenn B zuvor schon von S den für das Motorrad erzielten Kauferlös verlangt hat. In der Forderung des Erlöses vom nichtberechtigt veräußernden Erbschaftsbesitzer liegt nach herrschender Meinung die *Genehmigung* der zunächst unwirksamen Verfügung. B hat dann das Eigentum an K verloren.

3) Der Erbe muss sich zwischen den beiden Ansprüchen aus §§ 2018, 2019 bzw. 985 entscheiden.

Prozessual wird der Erbschaftsanspruch regelmäßig in Form der *Stufenklage* gem. § 254 ZPO geltend gemacht: Zunächst verklagt der Erbe den Erbschaftsbesitzer auf *Auskunft* über Bestand und Verbleib der Erbschaft (vgl. § 2027), bevor er in einem weiteren Klageantrag Herausgabe der nunmehr gem. § 253 II Nr. 2 ZPO genau zu bezeichnenden Gegenstände verlangt.

▶ Literatur zu dieser Lektion

📖 Muscheler, **Jura** 1999, 234; 289 (Universalsukzess. – Grundlagen)
📖 Olzen, **Jura** 2001, 366 (Annahme und Ausschlagung – Grundlagen)
📖 Werner, **Jura** 2001, 390 (Erbenhaftung – Klausur)
📖 Werner, **JuS** 2000, 779 (Anspruch aus § 2018 – Klausur)
📖 Olzen, **Jura** 2001, 223 (Anspruch aus § 2018 – Grundlagenwissen)

Lektion 2: Verfügungen von Todes wegen

Durch Verfügungen von Todes wegen kann der Erblasser die Erbfolge abweichend von den gesetzlichen Vorschriften der §§ 1923 ff. regeln und verschiedene Anordnungen treffen. Zu den Verfügungen von Todes wegen gehören das Testament als *einseitige* Verfügung des Erblassers (das von Ehegatten gem. §§ 2265 ff. auch gemeinschaftlich errichtet werden kann) und der Erbvertrag. Bei letzterem handelt es sich um ein zweiseitiges Rechtsgeschäft, bei dem zumindest eine Vertragspartei von Todes wegen verfügt.

I. Das Testament, §§ 2064 ff.

Nach dem *Grundsatz der Testierfreiheit* kann der Erblasser beliebige Personen als Erben einsetzen und Anordnungen für die Verteilung und Verwaltung seines Vermögens treffen. Einschränkungen unterliegt die Testierfreiheit allerdings durch das Pflichtteilsrecht und die allgemeinen Wirksamkeitsvorschriften für Rechtsgeschäfte, insbesondere die §§ 134, 138. Außerdem verpflichtet der *erbrechtliche Typenzwang* den Erblasser, sich bei der Ausgestaltung seiner Anordnungen der gesetzlich vorgesehenen Rechtsinstitute zu bedienen.

1. Voraussetzungen der Wirksamkeit

a) Testierfähigkeit, § 2229

Die *Testierfähigkeit* als besondere Form der Geschäftsfähigkeit ist die Fähigkeit, ein Testament wirksam zu errichten.

Gemäß § 2229 I kann ein Minderjähriger ohne Zustimmung seines gesetzlichen Vertreters (vgl. § 2229 II) ein Testament errichten, wenn er das *sechzehnte Lebensjahr* vollendet hat. Vor Erreichen der Volljährigkeit muss der Erblasser allerdings gemäß §§ 2232, 2233 I die Form des öffentlichen Testaments einhalten, also das Testament durch Erklärung vor dem Notar oder Übergabe einer offenen Schrift an den Notar errichten.

Personen, die wegen krankhafter Störungen der Geistestätigkeit, wegen Geistesschwäche oder Bewusstseinsstörung bei der Errichtung ihres Testaments nicht in der Lage sind, die Bedeutung einer von ihnen abgegebenen Willenserklärung einzusehen und nach dieser Einsicht zu handeln, sind gem. § 2229 IV testierunfähig. Ebenso testierunfähig sind Minderjährige unter 16 Jahren.

b) Grundsatz der Höchstpersönlichkeit, § 2064

Gemäß § 2064 muss der Erblasser das Testament höchstpersönlich errichten. Damit ist die Testamentserrichtung das Musterbeispiel eines höchstpersönlichen Rechtsgeschäfts, bei dem die §§ 164 ff. keine Anwendung finden. Ergänzt wird der in § 2064 normierte Grundsatz durch § 2065 I, wonach der Erblasser die Gültigkeit seiner letztwilligen Verfügung nicht von der Bestimmung durch einen Dritten abhängig machen darf.

Schwierigkeiten im Hinblick auf die Anforderungen des § 2065 I können sich vor allem dann ergeben, wenn der Erblasser eine Erbeinsetzung unter eine sog. *Potestativbedingung* stellt. Solche Bedingungen zeichnen sich dadurch aus, dass ihr Eintritt vom Willen eines Dritten abhängt. Grundsätzlich ist eine *bedingte* Erbeinsetzung gem. §§ 2074 f. möglich. Andererseits liegt es bei einer Potestativbedingung letztendlich in der Hand des Dritten, ob die letztwillige Verfügung Gültigkeit erlangt. Das entscheidende Kriterium ergibt sich aus dem Normzweck des § 2065 I: Die Regelung soll verhindern, dass der Wille eines Dritten anstelle des Erblasserwillens über die Gültigkeit der Verfügung entscheidet, also entgegen dem Höchstpersönlichkeitsgrundsatz eine Vertretung des Erblassers im Willen stattfindet. Unschädlich ist es daher nach der herrschenden Meinung, wenn der Erblasser selbst einen bestimmten Willen bezüglich der Geltung der Verfügung gehabt hat und deren Gültigkeit lediglich vom Tun oder Unterlassen eines Dritten abhängig macht. Dies gilt nach der Rechtsprechung insbesondere dann, wenn der Erblasser an dem Verhalten des Dritten ein besonderes Interesse hat oder seine Verfügung auf die Sachlage abstimmen will, die durch das Verhalten des Dritten realisiert wird.

Beispiel 1: E setzt seinen Sohn S zu seinem Erben ein unter der Bedingung, dass dessen Frau F nach Eintritt des Erbfalls zustimmt. Da der Wille der F nach dem Inhalt der Verfügung an die Stelle des Erblasserwillens treten soll, liegt ein Verstoß gegen § 2065 I vor. Anders wäre es, wenn E die Erbeinsetzung davon abhängig gemacht hätte, dass F ihn bis zu seinem Tode pflegt. In diesem Fall hinge die Erbeinsetzung von einem Verhalten der F ab, an dem E zudem ein eigenes Interesse hat.

Probleme ergeben sich im Hinblick auf § 2065 nur dann, wenn der Wille eines außenstehenden Dritten eine Rolle spielen soll. Solange es für die Gültigkeit der Verfügung nur auf den Willen des Bedachten selbst ankommen soll, ist § 2065 I nicht berührt. Das ergibt sich schon aus § 2075. Außerdem räumt das Gesetz dem Bedachten ausdrücklich die Möglichkeit ein, die Verwirklichung des Erblasserwillens durch Ausschlagung der Erbschaft zu verhindern (vgl. § 1943).

Eine weitere Regelung, die dem Höchstpersönlichkeitsgrundsatz Rechnung tragen soll, findet sich in § 2065 II. Danach kann der Erblasser die Bestimmung der Person, die eine Zuwendung erhalten soll, sowie die Bestimmung des Gegenstandes der Zuwendung nicht einem anderen überlassen. Auch hier ergeben sich im Einzelfall Abgrenzungsprobleme, wann die Grenze der zulässigen Drittmitwirkung überschritten ist. Unzulässig ist auf jeden Fall eine völlig willkürliche Ermessensausübung durch den Dritten. Im Übrigen sind die Anforderungen des § 2065 II umstritten:

1) Nach der **Rechtsprechung des RG** ist es zulässig, wenn dem Dritten innerhalb eines eng begrenzten Personenkreises und unter Vorgabe sachlicher Kriterien ein gewisser Entscheidungsspielraum bei der Bestimmung des Erben verbleibt.

2) Die **Rechtsprechung des BGH** legt strengere Maßstäbe an: Der Dritte darf hiernach nur die Bezeichnung, nicht aber die Bestimmung des Erben vornehmen. Der Erblasser muss alle Angaben machen, die einer sachkundigen Person die Bezeichnung des Bedachten (oder des Gegenstandes der Zuwendung) ermöglichen, ohne dass der Dritte noch eigenes Ermessen auszuüben braucht.

Beispiel 2: Fabrikant F hinterlässt ein Testament mit folgendem Inhalt: „Erbe soll derjenige von meinen drei Söhnen werden, der wegen seines unternehmerischen Geschicks am besten geeignet ist, den Betrieb mit Erfolg weiterzuführen. Nach diesen Grundsätzen soll mein Bruder B den Erben bestimmen." Verstößt das Testament gegen § 2065 II?

Lösung: Da F den Kreis der möglichen Erben auf seine Söhne beschränkt und ein sachliches Kriterium für die Auswahl vorgegeben hat, wäre die Verfügung nach dem RG gültig. Der BGH würde dagegen einen Verstoß gegen § 2065 II bejahen, weil B bei der Auswahl des Erben hinsichtlich der Eignung zur Betriebsfortführung noch eigenes Ermessen ausüben soll.

Abwandlung: F hat Folgendes verfügt: „Erbe soll derjenige unter meinen drei Söhnen werden, der erfolgreich ein BWL-Studium als Diplom-Betriebswirt abschließt. Gelingt dies mehreren, soll derjenige erben, der das Studium in der kürzesten Studienzeit absolviert hat. Wer das ist, soll mein Bruder B bestimmen."

Diese Verfügung wäre nach beiden Ansichten gültig, da B den Erben anhand der von F vorgegebenen objektiven Kriterien nur noch bezeichnen muss.

c) Testierwille

Als Willenserklärung erfordert das Testament auch einen entsprechenden Erklärungswillen. Der Wille, eine erbrechtlich verbindliche Erklärung abzugeben, heißt *Testierwille*. Sein Vorliegen ist gem. § 133 zu ermitteln und regelmäßig unproblematisch. Besondere Anforderungen sind dann zu stellen, wenn das Schriftstück des Erblassers formell von den für Testamente üblichen Gepflogenheiten abweicht, z. B. weil die Verfügungen in einem nicht abgesandten Brief enthalten sind. Hier ist anhand der konkreten Umstände zu ermitteln, ob es sich um eine verbindliche Anordnung des Erblassers für die Zeit nach dem Tod oder bloß um einen Entwurf handeln sollte.

d) Form

Bei der Errichtung eines Testaments sind besondere Formvorschriften einzuhalten. Diese haben vor allem eine *Beweis-* und eine *Warnfunktion:* Einerseits soll der Wille des Erblassers später möglichst unverfälscht ermittelbar sein, andererseits soll der Erblasser bei der Abfassung seines Testaments angehalten werden, den Inhalt seiner Anordnungen gründlich zu überdenken.

aa) Das eigenhändige Testament, § 2247

Gem. § 2247 I kann der Erblasser ein Testament durch eine *eigenhändig geschriebene* und unterschriebene Erklärung errichten. Die Erklärung muss vollständig handschriftlich vom Erblasser verfasst sein. Sind die Schriftzüge mechanisch erstellt oder von fremder Hand gezogen worden, ist die Verfügung unwirksam.

Beispiel 3: Der 85jährige E will sein Testament errichten. Wegen einer Parkinson-Erkrankung leidet er unter starkem Zittern. Daher bittet er den Zivildienstleistenden Z, seine Unterarme beim Schreibvorgang abzustützen. Ist das so errichtete Testament wirksam?

Lösung: In Betracht kommt ein Verstoß gegen das Eigenhändigkeitserfordernis des § 2247 I. Der Eigenhändigkeit steht nicht entgegen, dass ein Dritter an dem Schreibvorgang lediglich als unterstützende Hilfe mitwirkt. Solange der Schreibvorgang noch von E *beherrscht* wurde und die Formung der Schriftzüge *von seinem Willen abhing*, ist § 2247 I nicht verletzt. Die zulässige Grenze wäre erst dann überschritten, wenn Z dem E beim Schreiben aktiv die Hand geführt hätte und die Schriftzüge daher nicht mehr vom Willen des Erblassers getragen wären. Dafür gibt es vorliegend keine Anhaltspunkte.

Der Erblasser kann im Testament auf andere Schriftstücke Bezug nehmen, die nicht der Testamentsform entsprechen. Eine solche Bezugnahme steht der Wirksamkeit nicht entgegen, wenn sie nur der näheren Erläuterung von testamentarischen Bestimmungen dient. Die von § 2247 I verlangte Unterschrift dient der zweifelsfreien Feststellung der *Urheberschaft* und soll den Text auch räumlich abschließen *(Identitäts- und Abschlussfunktion).*

Anhand der Abschlussfunktion der Unterschrift ist auch die Wirksamkeit von späteren Änderungen des Urkundentextes zu beurteilen. Eine erneute Unterschrift ist jedenfalls dann entbehrlich, wenn die Änderung nur die Streichung einzelner Anordnungen oder erläuternde Zusätze zu den getroffenen Verfügungen beinhaltet. Umstritten ist die Wirksamkeit von nicht separat unterschriebenen selbstständigen Zusätzen, in denen der Erblasser neue Verfügungen trifft. Nach der Rechtsprechung und wohl herrschenden Meinung kommt es darauf an, ob die nachträgliche Verfügung sowohl nach dem räumlichen Erscheinungsbild der Urkunde als auch nach dem daraus erkennbaren Erblasserwillen von der Unterschrift gedeckt ist.

Beispiel 4: E trifft in seinem handschriftlich auf einem Blatt Papier errichteten Testament diverse Verfügungen und setzt unter das Ende des Textes seine Unterschrift. Später fällt ihm ein, dass er auch seinen Neffen N bedenken will. Er fügt an einer Stelle ungefähr in der Mitte des Textes ein Sternchensymbol ein und ergänzt auf demselben Blatt unterhalb seiner Unterschrift: „* Mein Neffe N soll 20.000 € aus meinem Barvermögen erhalten." Ist die Verfügung wirksam?

Lösung: Fraglich ist, ob die Verfügung der Formvorschrift des § 2247 I genügt. Zum Teil wird bei nachträglich hinzugefügten, selbstständigen Verfügungen immer eine neue Unterschrift gefordert, die hier unterblieben ist. Nach der herrschenden Meinung dürfte die Verfügung zu Gunsten des N jedoch wirksam sein, da der hinzugefügte Satz durch das eingefügte Sternchensymbol dem Bereich oberhalb der Unterschrift zugeordnet werden sollte. Sowohl in räumlicher Hinsicht als auch nach dem aus der Urkunde erkennbaren Erblasserwillen sollte die nachträgliche Verfügung durch die bereits erfolgte Unterschrift gedeckt sein.

Ähnlich problematisch ist der Fall, dass die erforderliche Unterschrift sich nicht auf demselben Blatt befindet wie die getroffenen Verfügungen.

Abwandlung zu Beispiel 4: E schreibt das gesamte Testament inklusive der Verfügung zu Gunsten seines Neffen handschriftlich nieder. Er steckt die Urkunde in einen Briefumschlag, den er anschließend zuklebt und auf der Vorderseite unterschreibt. Den Umschlag samt Inhalt bewahrt er in seiner Schreibtischschublade auf. Wirksamkeit?

Lösung: Es kommt wiederum auf das Unterschriftserfordernis des § 2247 I an. Die Unterschrift auf dem Briefumschlag ist dann ausreichend, wenn sie keine selbständige Bedeutung hat und nur den innenliegenden Testamentstext fortsetzen soll. Davon kann im vorliegenden Fall ausgegangen werden. Anders wäre es, wenn E den Umschlag in fremde Verwahrung gegeben hätte und die Namensangabe vorrangig der Kennzeichnung des Umschlaginhalts dienen würde.

Die Erfordernisse des § 2247 I sind für die Wirksamkeit des Testaments zwingend, während § 2247 II (Zeit- und Ortsangabe) und III 1 (Unterschrift mit Vor- und Zuname) Soll-Vorschriften enthalten.

bb) Das öffentliche Testament, § 2232

Gem. § 2232 kann der Erblasser das Testament auch in öffentlicher Form errichten, indem er einem Notar seinen letzten Willen zur Niederschrift erklärt oder ihm eine Schrift mit der Erklärung übergibt, dass diese seinen letzten Willen enthalte.

cc) Die außerordentlichen Testamente, §§ 2249-2251

Wenn der Erblasser in der ihm verbleibenden Zeit voraussichtlich kein öffentliches Testament mehr vor einem Notar errichten kann, bleibt ihm der Rückgriff auf die in §§ 2249 ff. geregelten Nottestamente. Dazu gehören das Bürgermeistertestament gemäß § 2249, das Dreizeugentestament gemäß § 2250 und das Seetestament gem. § 2251. Dem Notcharakter dieser Testamente entspricht es, dass sie gem. § 2252 I ihre Gültigkeit verlieren, wenn der Erblasser ihre Errichtung um mehr als drei Monate überlebt.

e) Keine Sittenwidrigkeit, § 138

Im Hinblick auf den Vorrang der Testierfreiheit des Erblassers sind an eine etwaige Sittenwidrigkeit des Testaments hohe Anforderungen zu stellen. Diskutiert wird die Sittenwidrigkeit letztwilliger Verfügungen vor allem anhand des sog. *Geliebtentestaments*. Allein das Bestehen eines außerehelichen Verhältnisses zwischen dem Erblasser und dem/der Begünstigten rechtfertigt aber noch nicht die Rechtsfolge des § 138.

> Nach ständiger Rechtsprechung ist die Grenze der Sitten-
> widrigkeit erst überschritten, wenn die „Hergabe" (d. h. die
> Einsetzung als Erbin oder Vermächtnisnehmerin durch
> den Erblasser) alleine für die (geschlechtliche) „Hingabe"
> erfolgt.

Dass die testamentarische Zuwendung ausschließlich erfolgt ist, um die geschlechtliche Hingabe der Geliebten zu
belohnen oder zu fördern, dürfte jedoch in den seltensten
Fällen beweisbar sein. Auch die bloße Übergehung eines
nahen Familienangehörigen führt in der Regel nicht zur
Sittenwidrigkeit. Hier sorgen die Regelungen des Pflichtteilsrechts bereits für ausreichenden Schutz.

f) Kein Widerruf gemäß §§ 2253 ff.

Möglichkeiten, ein Testament zu widerrufen

> 1. Reines Widerrufstestament § 2254
> 2. Widersprechendes Testament, § 2258
> 3. Vernichtung oder Veränderung der Urk., § 2255
> 4. Rücknahme aus der amtlichen Verwahrung
>   (beim öffentlichen Testament), § 2256

Gem. § 2253 kann der Erblasser ein Testament sowie einzelne in einem Testament enthaltene Verfügungen jederzeit widerrufen. Hierfür sind weder besondere Voraussetzungen noch die Angabe von Gründen erforderlich.

Der Widerruf kann gem. § 2254 durch ein Testament erklärt werden. Um ein solches reines Widerrufstestament
handelt es sich, wenn der Erblasser darin lediglich zum
Ausdruck bringt, dass das alte Testament nicht mehr gelten soll.

Praktisch häufiger kommt es jedoch vor, dass der Erblasser ein neues Testament errichtet, das mit dem früheren inhaltlich *in Widerspruch* steht. Auch in einem solchen Fall ist das frühere Testament gem. § 2258 I (konkludent) widerrufen. Auf einen entsprechenden Willen des Erblassers kommt es nicht an, so dass die Rechtsfolge des § 2258 I auch dann eintritt, wenn der Erblasser bei der Errichtung des zweiten Testaments das erste gar nicht mehr bedacht hat. Wird auch das neue Testament widerrufen, gilt gemäß § 2258 II das frühere Testament im Zweifel als von Anfang an wirksam.

Da es bei sich widersprechenden Testamenten wegen § 2258 I auf die *Reihenfolge der Errichtung* ankommt, ist es sinnvoll, auf dem Testament das Errichtungsdatum jeweils zu vermerken (vgl. die Sollvorschrift des § 2247 II)!

Auch durch Vernichtung bzw. Veränderungen der Testamentsurkunde oder ähnliche schlüssige Handlungen kann der Erblasser sein Testament widerrufen, § 2255. Beispiele hierfür sind etwa das Zerreißen, Zerknüllen, Zerschneiden oder Verbrennen der Testamentsurkunde. Nach herrschender Meinung stellt auch ein Ungültigkeitsvermerk auf der Urkunde einen Widerruf gem. § 2255 dar, soweit daraus für jedermann erkennbar ist, dass die Urkunde nicht mehr gelten soll. Demnach erfordert ein solcher Vermerk („ungültig", „annulliert" etc.) als schlüssige Handlung keine erneute Unterschrift (während die Gegenmeinung darin eine formbedürftige Widerrufserklärung im Sinne des § 2254 sieht).

Voraussetzung ist, dass die vorgenommene Handlung den Aufhebungswillen des Erblassers zum Ausdruck bringt, wobei die Aufhebungsabsicht gem. § 2255 S. 2 vermutet wird. Der Erblasser muss die Vernichtung oder Veränderung der Urkunde persönlich vornehmen; das Handeln eines Dritten löst nur dann die Rechtsfolge des § 2255 aus, wenn dieser als unselbstständiges Werkzeug des Erblassers ohne eigenen Entscheidungsspielraum agiert hat.

Wie sich im Umkehrschluss aus § 2257 ergibt, kann ein gemäß § 2255 erfolgter Widerruf nicht widerrufen werden. Der Erblasser muss vielmehr eine *neue Verfügung* desselben Inhalts treffen, um die ursprüngliche Rechtslage wiederherzustellen.

Schließlich gilt ein öffentliches Testament gemäß § 2256 I als widerrufen, wenn es aus der *amtlichen Verwahrung zurückgenommen* wird. § 2256 I 2 sieht angesichts dieser gravierenden Konsequenzen vor, dass der Erblasser von der zurückgebenden Stelle über die Rechtsfolgen der Rücknahme belehrt werden soll.

g) Keine Anfechtung, §§ 2078 ff.

In den §§ 2078 ff. finden sich spezielle Regeln für die Anfechtung letztwilliger Verfügungen, die den §§ 119 ff. vorgehen. Zu beachten ist insbesondere § 2078 III, wonach ein Ersatz des Vertrauensschadens gem. § 122 nicht in Betracht kommt. Diese Regelung resultiert aus der Überlegung, dass das Interesse des Bedachten an der Aufrechterhaltung des Testaments (im Gegensatz zum Interesse des Erklärungsempfängers an der Aufrechterhaltung einer Willenserklärung im Rahmen der §§ 119 ff.) keinen Schutz verdient.

Auch im Erbrecht geht die *Auslegung* (mit dem Ziel der Verwirklichung des Erblasserwillens) der Anfechtung (mit dem Ziel der Vernichtung des Erblasserwillens) grundsätzlich vor!

38

Anfechtung eines Testaments

---

1. Anfechtungsgrund, §§ 2078 f.
   a) Erklärungs-, Inhalts- o. Motivirrtum gem. §§ 2078, 2079
   b) Kausalität zwischen Irrtum/Drohung und Verfügung
2. Anfechtungsberechtigung, § 2080
3. Anfechtungserklärung, § 2081 f.
4. Anfechtungsfrist, § 2082
5. Kein Ausschluss des Anfechtungsrechts
6. Rechtsfolgen
   a) Nichtigkeit der angefochtenen Verfügung gem. § 142
   b) ggf. Nichtigkeit weiterer Verfügungen gem. § 2085
   c) soweit Lücken entstanden: gesetzliche Erbfolge

---

aa) Anfechtungsgrund, §§ 2078, 2079

§ 2078 I regelt die Anfechtung letztwilliger Verfügungen wegen Inhalts- oder Erklärungsirrtümern des Erblassers. Dafür können die zu § 119 bekannten Grundsätze und Definitionen herangezogen werden:

Ein *Erklärungsirrtum* liegt regelmäßig bei einem Versprechen (im Falle des § 2232) oder einem Verschreiben (im Falle des § 2247) vor. Der Erblasser unterliegt einem *Inhaltsirrtum*, wenn er seiner Erklärung eine andere Bedeutung beimisst, als sie tatsächlich hat.

Solche Irrtümer können sich vor allem durch den Gebrauch von Rechtsbegriffen ergeben, von deren juristischer Bedeutung der Erblasser keine oder falsche Vorstellungen hat.

Anders als im Rahmen des enger gefassten § 119 II berechtigt gemäß § 2078 II auch jeder *Motivirrtum* des Erblassers zur Anfechtung einer letztwilligen Verfügung.

Dabei ist es unerheblich, ob der Irrtum des Erblassers sich auf vergangene, gegenwärtige oder zukünftige Umstände bezieht. Der Erblasser muss eine bestimmte Vorstellung tatsächlich gehegt haben. Die Unkenntnis eines Umstands begründet nur dann einen Irrtum, wenn der unbekannte Umstand von den wirklichen Vorstellungen und Erwartungen des Erblassers abweicht.

Ausreichend sind nach der Rechtsprechung aber auch sog. selbstverständliche oder unbewusste Vorstellungen, die zwar nicht im konkreten Bewusstsein des Erblassers vorhanden, aber jederzeit abrufbar sind. Eine Mindermeinung will bereits das schlichte Nichtwissen eines Umstands für einen Motivirrtum ausreichen lassen.

Beispiel 5: Der E ist ein großer Tierfreund sowie Mitglied und Unterstützer der Tierschutzorganisation T. Um die von ihm geschätzten Ziele der T auch nach seinem Tod weiter zu fördern, verfügt er in seinem Testament, dass T sein gesamtes Vermögen erben solle. Kurz darauf liest er in der Zeitung, dass Vorstandsmitglieder der T in größerem Umfang Gelder ihrer Organisation veruntreut haben. E schreibt einen wütenden Leserbrief gegen die T und kündigt seine Mitgliedschaft. Er kommt jedoch vor seinem Tod wenige Wochen später nicht mehr dazu, sein Testament zu ändern. Besteht für den einzigen Sohn S des E ein Anfechtungsgrund im Sinne der §§ 2078 f.?

Lösung: Fraglich ist, ob S das Testament anfechten kann mit der Folge, dass er gesetzlicher Alleinerbe wird. Dann müsste ein Motivirrtum des E im Sinne des § 2078 II vorgelegen haben. Als er sein Testament errichtete, wusste E nichts von den unlauteren Vermögenspraktiken bei der T.

1) Die bloße Unkenntnis eines Umstands begründet nur nach der Mindermeinung einen zur Anfechtung berechtigenden Motivirrtum.

2) Andererseits war E aber selbstverständlich davon ausgegangen, dass das der T zufließende Geld ausschließlich zur Förderung der Vereinsziele verwendet würde. Er hatte also eine sog. unbewusste Vorstellung, die ihn im Sinne des § 2078 II zur Erbeinsetzung der T „bestimmt" hat. Auch nach der herrschenden Meinung liegt daher ein Anfechtungsgrund für S vor.

Ebenfalls von § 2078 II erfasst sind die Fälle der arglisti-
gen Täuschung, die sich wie die sonstigen Motivirrtümer
bei der Willensbildung auswirken. § 2079 enthält schließlich einen besonderen Fall des Motivirrtums, nämlich die
(unbewusste) Übergehung eines Pflichtteilsberechtigten.

Beispiel 6: E errichtet ein Testament, in dem er seinen erwachsenen
Sohn S zum Alleinerben einsetzt. Dabei weiß er nicht, dass er neben
dem S noch eine gemeinsame Tochter T aus einer kurzen Affäre mit
einer anderen Frau hat. Nach dem Tod des E will sich T nicht damit
abfinden, dass S alleiniger Erbe des E sein soll. Kann T anfechten?

Lösung: T kann die Einsetzung des S zum Alleinerben gemäß § 2079
anfechten. E hat sie als Pflichtteilsberechtigte (vgl. § 2303), deren Existenz ihm bei der Testamentserrichtung nicht bekannt war, übergangen.

Schließlich muss nach dem Gesetzeswortlaut anzunehmen sein, dass der Erblasser die Erklärung bei Kenntnis
der Sachlage nicht abgegeben haben würde, d. h. es ist
Kausalität zwischen dem Irrtum (bzw. der Drohung i.S.d.
§ 2078 II 2. Alt.) und der angefochtenen Verfügung erforderlich.

bb) Anfechtungsberechtigter, § 2080

Anfechtungsberechtigt ist gemäß § 2080 jeder, dem die
Aufhebung der betroffenen Verfügung unmittelbar zustat-
ten kommen würde. Das ist z. B. bei den gesetzlichen Erben der Fall, wenn der Erblasser an ihrer Stelle durch Testament einen Dritten als Erben eingesetzt hat. Anfechtungsberechtigt ist auch ein einzelner Miterbe hinsichtlich
der Einsetzung der übrigen Miterben, da sich sein Erbteil
bei deren Wegfall entsprechend erhöhen würde. Schließlich kann ein Erbe auch die Anordnung eines Vermächtnisses anfechten, um den Anspruch des Bedachten aus
§ 2174 nicht erfüllen zu müssen.

Wegen der jederzeitigen Widerruflichkeit des Testaments sieht das Gesetz für den Erblasser selbst keine Anfechtungsmöglichkeit vor!

cc) Anfechtungserklärung, § 2081

Die Anfechtung erfolgt gem. § 2081 I, III in den dort aufgeführten Fällen (Erbeinsetzung, Enterbung, Ernennung eines Testamentsvollstreckers bzw. Auflage und Pflichtteilsentziehung) durch Erklärung gegenüber dem Nachlassgericht. Im Übrigen verbleibt es beim Grundsatz des § 143 IV, wonach die Anfechtung bei einseitigen Rechtsgeschäften gegenüber demjenigen zu erklären ist, der auf Grund des Rechtsgeschäfts unmittelbar einen rechtlichen Vorteil erlangt hat. In dem bereits zitierten Fall, dass der Erbe die Anordnung eines Vermächtnisses anficht, muss er die Erklärung also gegenüber dem Vermächtnisnehmer abgeben.

dd) Anfechtungsfrist, § 2082

Gemäß § 2082 I, II muss die Anfechtung *innerhalb eines Jahres* ab Kenntnis des Anfechtungsgrundes erklärt werden. Unabhängig von der Kenntnis ist die Anfechtung ausgeschlossen, wenn mehr als 30 Jahre seit dem Erbfall verstrichen sind (§ 2082 III).

ee) Kein Ausschluss des Anfechtungsrechts

Neben dem Fristablauf kann auch eine Bestätigung der fehlerhaften Erklärung die Anfechtbarkeit ausschließen, vgl. § 144. Die Norm geht allerdings davon aus, dass der Erklärende selbst anfechtungsberechtigt ist. Da der Erblasser als Erklärender diese Möglichkeit aber gerade nicht hat, soll es auf seine Bestätigung nicht ankommen. Bei der Bestätigung der Verfügung durch den Anfechtungsberechtigten soll § 144 jedoch nach herrschender Lehre *analog* anzuwenden sein. Da der Anfechtungsberechtigte ja von der Beseitigung der Verfügung unmittelbar profitieren würde, ist er in einer ähnlichen Situation wie der (mit dem Anfechtungsberechtigten identische) Erklärende im Falle des § 144, so dass eine vergleichbare Interessenlage besteht.

ff) Rechtsfolgen

Eine wirksam angefochtene Verfügung ist gem. § 142 I als von Anfang an nichtig anzusehen. Allerdings kann die Anfechtung die Verfügung nur in dem Umfang vernichten, in dem diese auf dem zur Anfechtung berechtigenden Irrtum beruht (vgl. den Wortlaut des § 2078: „soweit"). Die übrigen in dem Testament getroffenen Verfügungen bleiben nach Maßgabe des § 2085 regelmäßig wirksam. Nur bei der Anfechtung gem. § 2079 wird nach wohl herrschender Meinung das gesamte Testament nichtig.

> Soweit durch die Anfechtung des Testaments *Lücken* entstehen, tritt die *gesetzliche Erbfolge* an die Stelle der angefochtenen Verfügungen. Die Anfechtung kassiert, aber sie reformiert nicht!

Beispiel 7: Vgl. *Beispiel 6*. T behauptet wahrheitsgemäß, dass E sie zur Alleinerbin eingesetzt hätte, wenn er bei der Errichtung des Testaments von ihrer Existenz gewusst hätte. - Die Anfechtung der T kann nur die zu Gunsten des S getroffene Verfügung beseitigen. Damit werden S und T gem. § 1924 I, IV Miterben. Auch wenn E die T bei Kenntnis von ihrer Existenz tatsächlich als Alleinerbin eingesetzt hätte, ermöglicht die Anfechtung nicht die Fiktion einer unterbliebenen Verfügung.

Wer aufgrund einer letztwilligen Verfügung zu einer Leistung verpflichtet ist (insbesondere weil er durch ein Vermächtnis oder eine Auflage beschwert wird), hat bei Anfechtbarkeit der Verfügung gem. § 2083 ein Leistungsverweigerungsrecht, auch wenn er die Anfechtungsfrist versäumt hat (Einrede der Anfechtbarkeit).

Zusammenfassung: Wirksamkeit eines Testaments

1. Testierfähigkeit des Erblassers, § 2229
2. Höchstpersönlichkeit, § 2064
3. Testierwille
4. Form
   a) eigenhändiges Testament: handschriftlich, § 2247 I
   b) öffentliches Testament vor dem Notar, § 2232
   c) Nottestamente, §§ 2249 ff.
5. Keine Nichtigkeit, § 138
6. Kein Widerruf, § 2253
7. Keine Anfechtung, §§ 2078 ff.

2. Die Auslegung des Testaments

Liegt nach den bereits erörterten Kriterien ein wirksames Testament vor, bedarf es für die Ermittlung des genauen Verfügungsinhalts häufig noch der Auslegung. Die komplizierte erbrechtliche Terminologie, die von Laien oft untechnisch verwendet wird und die eventuell lange Zeitspanne zwischen Testamentserrichtung und Erbfall legen oft Zweifel nahe, dass die Anordnungen des Erblassers tatsächlich seinen wahren Willen wiedergeben.

a) Hypothetischer Wille des Erblassers, § 133

Ist die Auslegungsbedürftigkeit eines Testaments festgestellt worden, erfolgt die Auslegung selber in mehreren

Stufen und unter Beachtung besonderer erbrechtlicher Grundsätze. Dabei wirkt sich vor allem aus, dass es sich beim Testament um eine einseitige, nicht empfangsbedürftige Willenserklärung handelt. Die Auslegung hat also gemäß § 133 immer allein aus der Sicht des Erblassers zu erfolgen. Der Bedachte kann grundsätzlich keinen Anspruch auf eine testamentarische Zuwendung erheben und erwirbt das Zugewendete unentgeltlich, so dass er kein schutzwürdiges Vertrauen genießt. Daher spielen die *Verkehrssitte* bzw. der *objektive Empfängerhorizont* für die Auslegung testamentarischer Verfügungen keine Rolle.

> Aus diesem Grund darf in Zusammenhang mit der *Testamentsauslegung* auch niemals § 157 zitiert werden!

Nach allgemeinen Auslegungsgrundsätzen ist zunächst im Wege der *erläuternden Auslegung* an den Wortlaut der Verfügung anzuknüpfen und zu untersuchen, inwieweit zwischen Wille und Erklärung des Erblassers Diskrepanzen vorliegen. Das kann besonders dann notwendig werden, wenn der Erblasser bei der Formulierung seiner Verfügung objektiv *mehrdeutige Begriffe* oder eine zwar eindeutige, aber irrtümlich *falsche Bezeichnung* verwendet.

Beispiel 8: Erblasser E hat zwei Schwestern und einen Halbbruder B aus einer außerehelichen Beziehung seines Vaters. Während er mit den beiden Schwestern gemeinsam aufgewachsen ist und diese ihn bis zu seinem Tod aufopferungsvoll gepflegt haben, hat er zu seinem Halbbruder nie Kontakt gepflegt. In dem Glauben, dass Halbgeschwister keine Geschwister im Rechtssinne sind, setzt E durch letztwillige Verfügung seine „Geschwister" als Erben ein. Nach dem Tod des E erhebt B Ansprüche. Zu Recht?

Lösung: Fraglich ist, ob B Miterbe geworden ist. Dazu ist der von E verwendete Begriff der „Geschwister" auszulegen. Im Rechtssinne (vgl. § 1589) ist es dafür ausreichend, wenn die betreffenden Personen von einer identischen dritten Person abstammen, ohne dass sie beide Elternteile gemeinsam haben müssen. E sah jedoch nur seine Schwestern als seine Geschwister an, zu denen er auch ein entsprechendes persönliches Verhältnis pflegte, und wollte auch nur diese bedenken. Im Wege der erläuternden Auslegung ergibt sich daher, dass nur die beiden Schwestern des E Erbinnen sind.

Ergeben sich in den testamentarischen Verfügungen des Erblassers Lücken, kann die *ergänzende Auslegung* weiterhelfen. Solche Lücken bestehen insbesondere dann, wenn sich die tatsächlichen Verhältnisse zwischen Testamentserrichtung und Erbfall wesentlich verändert haben.

Dann hat sich der Erblasser bei der Abgabe seiner Erklärung von unrichtigen Wertungsmomenten bzw. Motiven leiten lassen. Für die Auslegung kommt es darauf an, welchen Willen der Erblasser bei richtiger Einschätzung der (nunmehr veränderten) Umstände gehabt und welche Erklärung er dementsprechend abgegeben hätte. Die ergänzende Testamentsauslegung hat vor allem in Zusammenhang mit der deutschen Einheit Bedeutung erlangt. So fehlten z. B. in den Testamenten westdeutscher Erblasser Verfügungen bezüglich solcher Besitztümer, die auf dem Gebiet der ehemaligen DDR lagen und mit deren Rückgabe der Betreffende bei der Testamentserrichtung nicht mehr gerechnet hatte.

Wie bereits gesehen, sind bei der Testamentserrichtung strenge Formvorschriften einzuhalten. Diese Vorschriften sind im Hinblick auf ihre *Beweis- und Warnfunktion* auch bei der Testamentsauslegung zu berücksichtigen.

Daher verlangt die herrschende *Andeutungstheorie*, dass sich der durch Auslegung ermittelte Erblasserwille im Testament in irgendeiner Form niedergeschlagen haben muss.

46

Besonders bei der ergänzenden Auslegung ist nach der Rechtsprechung darauf zu achten, dass der auf diesem Wege ermittelte Erblasserwille in irgendeiner Form *Ausdruck* in der letztwilligen Verfügung gefunden hat.

> Wegen der besonderen Schutzwürdigkeit des Erblasserwillens nimmt im Erbrecht die *Auslegung* im Vergleich zur Anfechtung eine besonders wichtige Rolle ein. Solange der wahre Wille des Erblassers ermittelbar ist, bleibt für die Anfechtung *kein Raum*.

Denn die Anfechtung kann nur etwas verhindern, was der Erblasser nicht gewollt hat. Sie kann aber nicht helfen, den tatsächlichen Erblasserwillen zu verwirklichen!

Auslegung des Testaments

> **1. Ermittlung des hypothetischen Erblasserwillens, § 133**
>   **a) erläuternde Auslegung**
>   **b) ergänzende Auslegung**
> **2. Zumindest *Andeutung* des ermittelten Erblasserwillens im Testament**

b) Auslegungsregeln der §§ 2066 ff., 2084

Die § 2066 ff., 2084 sehen eine Reihe von Auslegungsregeln für letztwillige Verfügungen vor. In jedem Fall ist aber zu beachten, dass die Ermittlung des wahren Erblasserwillens gemäß § 133 nach den oben dargelegten Grundsätzen Vorrang hat! Nur wenn sich auch durch ergänzende und erläuternde Auslegung kein eindeutiges Ergebnis erzielen lässt, darf auf gesetzliche Auslegungsregeln zurückgegriffen werden (wie die dort regelmäßig verwendete Formulierung „im Zweifel" zeigt).

Die §§ 2066 ff. (lesen!) helfen weiter, wenn der Erblasser den bedachten Personenkreis nur *generell* bezeichnet hat. Besondere Bedeutung hat § 2069: Danach sind bei Wegfall eines bedachten Abkömmlings nach Errichtung des Testaments dessen Abkömmlinge insoweit bedacht, als sie bei der gesetzlichen Erbfolge an die Stelle des Bedachten treten würden.

Beispiel 9: Erblasser E hat seine Lebensgefährtin F und seine Söhne A und B je zu einem Drittel als Erben eingesetzt. Nach der Testamentserrichtung durch E stirbt A und hinterlässt zwei Kinder. - Mangels sonstiger Anhaltspunkte gelangt § 2069 zur Anwendung, wonach die Kinder des A insoweit bedacht werden, als sie bei der gesetzlichen Erbfolge nach dem Erblasser E an Stelle des A nachrücken würden. Hierfür ist § 1924 III maßgeblich, so dass die Kinder des A im Ergebnis zu je einem Sechstel erben.

Auslegungsregeln für *bedingte Zuwendungen* beinhalten die §§ 2074-2076. Der bereits erwähnte § 2087 hilft in Zweifelsfällen bei der Abgrenzung zwischen Erbeinsetzung und Vermächtnis weiter.

Lässt der Inhalt einer letztwilligen Verfügung verschiedene Auslegungen zu, so ist gem. § 2084 im Zweifel diejenige Auslegung vorzuziehen, die der Verfügung zum Erfolg verhilft.

II. Besondere Anordnungen des Erblassers

Der Erblasser kann neben der einfachen Erbeinsetzung eine Reihe weiterer besonderer Anordnungen treffen, um seinen letzten Willen seinen konkreten Vorstellungen entsprechend auszugestalten. Eine davon ist das anfangs bereits erörterte *Vermächtnis*, das dem Bedachten – in der Regel gegen den Erben, vgl. § 2147 S. 2 – gem. § 2174 einen schuldrechtlichen Anspruch einräumt.

1. Bestimmung eines Ersatzerben, §§ 2096 ff.

Gemäß § 2096 kann der Erblasser für den Fall, dass ein Erbe vor oder nach dem Eintritt des Erbfalls wegfällt, einen Ersatzerben einsetzen. In diesem Fall tritt die als Ersatzerbe bestimmte Person direkt an die Stelle des Erben. Der ursprünglich bestimmte Erbe kann schon vor dem Erbfall dadurch wegfallen, dass er verstirbt (vgl. § 1923 I) oder verzichtet (§ 2352). Wegfallsgründe nach Eintritt des Erbfalls sind Erbunwürdigkeit (§ 2344), Erbausschlagung (§ 1953), Anfechtung (§ 2078) oder das Nichterleben einer aufschiebenden Bedingung (§ 2074) durch den ursprünglichen Erben. Gem. § 2069 wird im Zweifel vermutet, dass bei Wegfall eines bedachten Abkömmlings nach der Testamentserrichtung dessen Abkömmlinge Ersatzerben sein sollen.

Beispiel 10: E verfügt in seinem Testament: „Mein Sohn S soll mein Erbe sein, wenn er sein erstes juristisches Staatsexamen bestanden hat. Wenn S nicht Erbe wird, soll mein Freund F alles erben." E stirbt. S kommt vor Ablegen seiner Prüfungen durch einen Unfall ums Leben. - S war von E unter einer aufschiebenden Bedingung zum Erben eingesetzt worden, die er wegen seines Unfalls nicht mehr erlebt hat. Durch den Wegfall des S wird F Erbe, den E gem. § 2096 zum Ersatzerben berufen hatte.

Anders als bei der Vor- und Nacherbschaft tritt bei der Ersatzerbschaft nur eine *einmalige* Rechtsnachfolge ein!

2. Anordnung der Vor- und Nacherbschaft, §§ 2100 ff.

Der Erblasser kann für sein Vermögen auch zwei Erben in der Weise bestimmen, dass erst der eine und zu einem späteren Zeitpunkt der andere Erbe wird. Dabei handelt es sich um eine Vor- und Nacherbschaft im Sinne der §§ 2100 ff. Beide Erben werden nacheinander Rechtsnachfolger des Erblassers.

Beispiel 11: E bestimmt in seinem Testament, dass zunächst seine Frau Erbin seines Vermögens werden soll. Mit deren Tod soll das Vermögen auf den gemeinsamen Sohn S übergehen. - E hat seine Ehefrau als Vorerbin und S als Nacherben eingesetzt.

Mit dem Erbfall wird zunächst der Vorerbe Erbe des Verfügenden. Welchen Zeitpunkt oder welches Ereignis er für den Nacherbfall bestimmt, steht dem Erblasser grundsätzlich frei. Trifft er keine Regelung, fällt die Erbschaft dem Nacherben gem. § 2106 mit dem Tod des Vorerben an. Bereits mit dem Tod des Erblassers hat der Nacherbe ein veräußerliches und vererbliches Anwartschaftsrecht am Nachlass, vgl. § 2108 II.

Ordnet der Erblasser nur an, wer bis zu oder ab einem bestimmten Zeitpunkt oder Ereignis Erbe sein soll, ist fraglich, wem der Nachlass nach bzw. vor diesem Zeitpunkt zustehen soll. Technisch gesehen handelt es sich um die Anordnung einer Vor- und Nacherbschaft, wobei jeweils die gesetzlichen Erben die Rolle des nicht testamentarisch festgelegten Vor- bzw. Nacherben einnehmen, §§ 2104, 2105. Diese Konstellation wird besonders bei bedingten Erbeinsetzungen relevant, wenn die Bedingung bei Eintritt des Erbfalles noch nicht eingetreten ist.

Beispiel 12: E, der drei Söhne hat, verfügt in seinem Testament, dass derjenige Sohn sein Erbe werden soll, der zuerst sein erstes juristisches Staatsexamen bestanden hat. Bevor einer der Söhne das Examen ablegen kann, stirbt E. - Hier handelt es sich um eine aufschiebend bedingte Erbeinsetzung. Allerdings hat E nicht verfügt, wer ggf. vor Bedingungseintritt Erbe sein soll. Gem. § 2105 I sind in diesem Fall die gesetzlichen Erben des Erblassers (also alle drei Söhne) Vorerben. Der Eintritt der Bedingung entspricht dem Nacherbfall. Sobald der erste Sohn sein Examen abgelegt hat, wird dieser Nacherbe.

Es liegt im Interesse des Nacherben, dass der Nachlass vor dem Eintritt des Nacherbfalls möglichst zusammenhängend erhalten wird. Diesem Zweck dienen die in § 2113 geregelten Verfügungsbeschränkungen. Gemäß § 2113 I ist die Verfügung des Vorerben über ein zur Erbschaft gehörendes Grundstück insoweit unwirksam, als sie das Recht des Nacherben vereiteln oder beeinträchtigen würde. Das gleiche gilt gem. § 2113 II für unentgeltliche Verfügungen. Der Erblasser kann den Vorerben jedoch auch von den genannten Beschränkungen befreien, § 2136. Schließlich sind Verfügungen des Vorerben entgegen § 2113 auch dann wirksam, wenn der Nacherbe zustimmt oder wenn der erwerbende Dritte gutgläubig ist, § 2113 III.

3. Auflage, § 1940

Durch eine Auflage im Sinne des § 1940 kann der Erblasser einen Erben oder Vermächtnisnehmer zu einer Leistung verpflichten, ohne dass ein anderer ein Recht auf die Leistung erwirbt. Die Auflage kann jedes Tun oder Unterlassen zum Inhalt haben, das Gegenstand einer schuldrechtlichen Verpflichtung sein kann. Denkbar sind zunächst solche Auflagen, durch die überhaupt keine andere Person begünstigt wird.

Beispiel 13: E setzt seinen Sohn S zum Erben ein, wobei dieser nach dem Tod des E 20 Jahre lang dessen Grab pflegen soll.

In anderen Fällen kommt die Erfüllung der Auflage direkt einer anderen Person zugute, wenn die Auflage z. B. die Verteilung einer Geldsumme zu bestimmten Zwecken beinhaltet. Auch dann hat der Begünstigte aufgrund der Auflage keinen eigenen Leistungsanspruch. Der Erblasser kann jedoch in seiner Verfügung einen Vollzugsberechtigten benennen. Hat er dies nicht getan, können die in

§ 2194 genannten Personen den Vollzug der Auflage verlangen. Will der Erblasser dem Begünstigten ersichtlich
einen eigenen Leistungsanspruch verschaffen, liegt keine
Auflage, sondern ein *Vermächtnis* vor.

4. Teilungsanordnung, § 2048

Will der Erblasser Einfluss auf die Verteilung der einzelnen
Nachlassgegenstände unter den Miterben nehmen, kann
er gemäß § 2048 eine sog. Teilungsanordnung für die
Auseinandersetzung der Miterben treffen. Den Erben steht
es zwar frei, einvernehmlich eine von der Anordnung des
Erblassers abweichende Verteilung vorzunehmen. Wenn
kein Einvernehmen zustande kommt, sind sie jedoch an
die Teilungsanordnung gebunden.

Die Besonderheit der Teilungsanordnung besteht darin,
dass sich die Quote des begünstigten Miterben nicht ver-
größert; vielmehr ist der Wert des zugeteilten Gegenstandes auf den quotenmäßigen Anteil des jeweiligen Miterben
am Nachlass anzurechnen. Kommt es dem Erblasser bei
der Zuwendung eines Gegenstandes darauf an, dem Erben über dessen Quote hinaus einen Vermögensvorteil zu
verschaffen, kann er dies durch ein Vorausvermächtnis
gemäß § 2150 erreichen.

Beispiel 14: E verfügt in seinem Testament: „Meine drei Kinder sollen
zu gleichen Teilen Erben werden. Da er als einziger einen Motorrad-
führerschein hat, soll A die Harley erhalten." - Aus dem Wortlaut ergibt
sich, dass E keines seiner Kinder bei der Verteilung des Nachlasses
bevorzugen wollte. Lediglich weil er als einziger dafür Verwendung
haben würde, sollte A im Zuge der Auseinandersetzung das Motorrad
erhalten. Es handelt sich um eine Teilungsanordnung. Der Wert des
Motorrads wird auf die Erbquote angerechnet.

Beispiel 15: E verfügt: „Ich setze meine drei Kinder zu Erben ein. Weil A mich immer so aufopferungsvoll gepflegt hat, möchte ich ihm in besonderer Anerkennung dafür meine Harley zukommen lassen." - Hier deutet der Wortlaut der Verfügung eher darauf hin, dass E den A wegen dessen Pflegeleistungen besonders belohnen wollte. A erhält das Motorrad als Vorausvermächtnis neben seinem Erbteil.

Anordnung	Merkmale und Abgrenzung
Vermächtnis, § 2147	Zuwendung eines einzelnen Gegenstands, nur schuldrechtlicher Anspruch
Ersatzerbschaft, § 2096	Ersatzerbe erbt anstelle des zunächst Berufenen, wenn dieser wegfällt
Vor- und Nacherbschaft, §§ 2100 ff.	Eingesetzte Personen sollen zeitlich nacheinander erben
Auflage, § 1940	Kein Anspruch des Begünstigten, nur Verpflichtung des Erben
Teilungsanordnung, § 2048	Zuwendung eines bestimmten Gegenstands unter Anrechnung auf die Erbquote (bei Vorausvermächtnis: Zuwendung zusätzlich zur Erbquote)

Sowohl das Vorausvermächtnis als auch die Teilungsanordnung entfalten nur *schuldrechtliche Wirkung*. Beide Gestaltungsmöglichkeiten ändern nichts daran, dass zunächst alle Miterben *gesamthänderisches* Eigentum am Nachlass erwerben!

III. Das gemeinschaftliche Testament, §§ 2265 ff.

Als besondere Form der letztwilligen Verfügung sieht das BGB in den §§ 2265 ff. das gemeinschaftliche Testament vor. Ehegatten (und gemäß § 10 IV LPartG auch gleichgeschlechtliche Lebenspartner) können in Form eines solchen Testaments gemeinschaftlich Verfügungen von Todes wegen treffen. Trotz der besonderen Form handelt es sich aber der Sache nach immer noch um separate, selbständig zu beurteilende Verfügungen. Das gemeinschaftliche Testament zeichnet sich durch erleichterte formale Anforderungen für die wirksame Errichtung und eine beschränkte Bindungswirkung aus.

1. Wirksamkeit

Die Wirksamkeitsvoraussetzungen entsprechen grundsätzlich denen des einseitigen Testaments, so dass insoweit auf die dortigen Erläuterungen verwiesen werden kann.

a) Inhalt

Inhaltlich können sich die Eheleute beim gemeinschaftlichen Testament innerhalb desselben Rahmens bewegen wie beim Einzeltestament und alle Arten von Anordnungen treffen, die dort ebenfalls zulässig wären. Ein wesentlicher Unterschied besteht jedoch in der Möglichkeit, im gemeinschaftlichen Testament sog. *wechselbezügliche Verfügungen* zu treffen. Solche Verfügungen eines Ehegatten sind dadurch gekennzeichnet, dass sie nur im Hinblick auf die Verfügung des anderen Ehegatten vorgenommen werden. Sie ziehen besondere Rechtsfolgen nach sich.

b) Form

Die Eheleute können ihr gemeinschaftliches Testament in allen für das Einzeltestament vorgesehen Formen errichten, d. h. als öffentliches Testament gem. § 2232, als eigenhändiges Testament gem. § 2247 und als Nottestament gem. § 2266, 2249 ff. Errichten die Eheleute ihr gemeinschaftliches Testament eigenhändig, kommt ihnen die Formerleichterung des § 2267 zugute: Nach dieser Vorschrift ist es ausreichend, wenn einer der Ehegatten das Testament in der Form des § 2247 errichtet und der andere Ehegatte die gemeinschaftliche Erklärung eigenhändig mitunterzeichnet.

2. Besonderheiten bei wechselbezügl. Verfügungen

Beim gemeinschaftlichen Testament weist das Gesetz den sog. wechselbezüglichen Verfügungen eine besondere Rolle zu. Die für solche Verfügungen charakteristische *innere Abhängigkeit* hat Auswirkungen auf ihren Bestand und ist Anknüpfungspunkt für die beschränkte Bindungswirkung des gemeinschaftlichen Testaments.

a) Vorliegen wechselbezüglicher Verfügungen

Wechselseitige Verfügungen können gem. § 2270 III nur Erbeinsetzung, Vermächtnis oder Auflage sein. Voraussetzung für die Wechselbezüglichkeit ist gem. § 2270 I in allen Fällen, dass die Verfügung des einen Ehegatten nicht ohne die Verfügung des anderen Teils getroffen worden wäre. Ob dies zutrifft, ist grundsätzlich durch Auslegung zu ermitteln. Für Zweifelsfälle enthält § 2270 II eine Auslegungsregel. Danach ist Wechselbezüglichkeit im Zweifel anzunehmen, wenn sich die Eheleute gegenseitig bedenken. Wenn ein Ehegatte zunächst den anderen bedacht hat und der letztversterbende Ehegatte wiederum einen Dritten bedenkt, kommt es gem. § 2270 II auf das Verhältnis des Erstverstorbenen zum dem bedachten Dritten an: Danach sind die Verfügungen der Ehegatten im Zweifel dann *wechselbezüglich*, wenn der von dem letztversterbenden Ehegatten bedachte Dritte mit dem erstverstorbenen Ehegatten verwandt ist oder ihm sonst nahe steht.

Beispiel 16: A und ihr zweiter Mann B setzten sich in ihrem gemeinschaftlichen Testament gegenseitig zu Alleinerben ein. B verfügt für den Fall seines Überlebens, dass die Tochter T der A aus deren erster Ehe Erbin werden soll. - Mangels anderer Anhaltspunkte sind die Verfügungen gem. § 2270 II als wechselbezüglich anzusehen. Das beruht auf folgender Überlegung: Aus Sicht der A stellt die Verfügung des B zu Gunsten der T eine Art Gegenleistung dafür dar, dass A den B zu ihrem Alleinerben eingesetzt hat. Ohne die Verfügung des B hätte A ihre Verfügung also nicht getroffen.

b) Gegenseitige Abhängigkeit

Eine wechselbezügliche Verfügung wird jeweils nur um der korrespondierenden Verfügung Willen getroffen. Daher hat der Verfügende in der Regel kein Interesse an der Aufrechterhaltung seiner Verfügung, wenn die entsprechende Verfügung seines Ehegatten unwirksam ist. Entsprechend bestimmt § 2270 I, dass in solchen Fällen die Nichtigkeit oder der Widerruf der einen Verfügung die Unwirksamkeit der anderen zur Folge hat.

Wechselbezügliche Verfügungen sind also in ihrem Bestand voneinander *abhängig*. Diese Rechtsfolge wird besonders bei der Anfechtung einer wechselbezüglichen Verfügung leicht übersehen!

c) Bindungswirkung

Neben ihrer inneren Abhängigkeit voneinander zeichnen sich wechselbezügliche Verfügungen vor allem dadurch aus, dass sie eine beschränkte Bindungswirkung entfalten. Anders als beim Einzeltestament, das gem. § 2253 jederzeit frei in den Formen der §§ 2254 ff. widerruflich ist, ist der Widerruf einer wechselbezüglichen Verfügung im gemeinschaftlichen Testament nur eingeschränkt möglich.

Für *nicht wechselbezügliche* Verfügungen bleibt es in jedem Fall bei der jederzeitigen freien Widerruflichkeit gem. §§ 2254 ff.!

aa) Bis zum Tod des Erstversterbenden

Solange beide Ehegatten noch leben, kann jeder von ihnen die wechselbezüglichen Verfügungen gem. § 2271 I widerrufen, ohne dass dafür ein besonderer Grund vorliegen muss. Allerdings ist dabei die für den Rücktritt vom Erbvertrag geltende Vorschrift des § 2296 einzuhalten, d. h. der Widerruf muss dem anderen Ehegatten gegenüber höchstpersönlich erklärt und notariell beurkundet werden. Es ist gem. § 2271 I 2 nicht ausreichend, dass der widerrufende Ehegatte einseitig eine neue Verfügung von Todes wegen errichtet. Diese gesetzliche Regelung will sicherstellen, dass der andere Ehegatte von dem Widerruf Kenntnis erlangt und sich bezüglich seiner eigenen Verfügungen darauf einrichten kann.

Hat ein Ehegatte seine Verfügung gem. §§ 2271 I, 2296 formwirksam widerrufen, wird gem. § 2270 I auch die entsprechende wechselbezügliche Verfügung des anderen Ehegatten unwirksam.

Die Widerruflichkeit von Verfügungen

Zeitpunkt bzw. Art der Verfügung	*Vor* dem Tod des anderen Ehegatten	*Nach* dem Tod des anderen Ehegatten
Einseitige Verfügungen	jederzeit frei widerrufbar	
Wechselbezügliche Verfügungen	frei widerrufbar durch notariell beurkundete Erklärung gemäß §§ 2271 I, 2296	Erlöschen des Widerrufsrechts gemäß § 2271 II 1, aber Wegfall der Bindung möglich durch: • Widerruf nach Ausschlagung, § 2271 II 1 2. HS • Anfechtung analog § 2281 • Widerrufsvorbehalt oder Abänderungsbefugnis

bb) Nach dem Tod des Erstversterbenden

Grundsätzlich erlischt das Widerrufsrecht gem. § 2271 II 1 mit dem Tod des anderen Ehegatten. Unter bestimmten Voraussetzungen kann der überlebende Ehegatte sich aber trotzdem von seinen wechselbezüglichen Verfügungen lösen. So ist es den Ehegatten unbenommen, die gesetzlich vorgesehene Bindungswirkung durch einen ausdrücklichen Widerrufsvorbehalt im Testament auszuschließen. Besteht kein solcher Vorbehalt zu Gunsten des Überlebenden, kann dieser die gesetzlich vorgesehene Bindungswirkung gemäß § 2271 II 1 2. HS auch dadurch vermeiden, dass er das ihm Zugewendete ausschlägt. Mit der Ausschlagung kann der überlebende Ehegatte seine eigenen Verfügungen gemäß §§ 2253 ff. widerrufen, was gem. § 2270 I 1 auch zur Unwirksamkeit der entsprechenden Verfügungen des Erstverstorbenen führt. Schließlich kann der Überlebende nach dem Tod des anderen Ehegatten seine eigenen wechselbezüglichen Verfügungen nach ge-festigter Rechtsprechung analog § 2281 i. V. m. §§ 2078, 2079 anfechten. Auch in diesem Fall ist die in § 2270 I angeordnete Rechtsfolge zu berücksichtigen!

3. Das „Berliner Testament", § 2269

Häufig setzen sich Ehegatten in ihrem gemeinschaftlichen Testament gegenseitig als Erben ein und bestimmen dann einen Dritten (meistens ihre Kinder) zum Erben des Längerlebenden. Eine solche Erbfolgeregelung ist unter dem Namen „Berliner Testament" bekannt.

a) Formen

Im Rahmen der oben dargestellten Konstruktion stehen den Ehegatten grundsätzlich zwei verschiedene Gestaltungsmöglichkeiten zur Verfügung. Der wesentliche Unterschied liegt in der rechtlichen Position des Längerlebenden nach dem Tod des erstversterbenden Ehegatten.

aa) Trennungsprinzip

Bei Anwendung des sog. *Trennungsprinzips* bestimmen die Eheleute sich gegenseitig zu Vorerben und den Dritten, d. h. in der Regel die Kinder, zum Nacherben. Nacherbfall ist der Tod des längerlebenden Ehegatten. Die Kinder werden dann Nacherben des Erstversterbenden und Vollerben des längerlebenden Ehegatten. Bei dieser Konstruktion bestehen beim Überlebenden zwei rechtlich ge-

trennte Vermögensmassen: Das im Wege der Vorerb-
schaft erworbene Vermögen des verstorbenen Ehegatten
und das eigene Vermögen des Überlebenden.

bb) Einheitsprinzip

Das sog. *Einheitsprinzip* wird verwirklicht, wenn die Ehegatten sich gegenseitig zu Vollerben einsetzen, so dass
die Vermögensmassen beim Tod des Erstversterbenden
verschmelzen. Die Kinder erwerben dann als Schlusser-
ben des Letztverstorbenen das gesamte Vermögen als
Einheit.

Welche der beiden genannten Regelungen von den Ehe-
leuten gewollt ist, ist im Wege der Auslegung zu ermitteln.
Im Zweifel gilt gem. § 2269 I das *Einheitsprinzip*.

b) Verfügungsbeschränkungen

Der Sinn des „Berliner Testaments" besteht regelmäßig
darin, die Erbfolge langfristig zu regeln und dabei sowohl
die Interessen des überlebenden Ehegatten als auch die
der Kinder angemessen zu schützen. Dieser Zweck würde
aber unterlaufen, wenn der überlebende Ehegatte das
Vermögen zu Lasten der Kinder ungehindert schmälern
oder verbrauchen könnte.

Die in § 2271 geregelten Beschränkungen hindern den
Überlebenden nur am Widerruf wechselbezüglicher Verfügungen. Die Befugnis des längerlebenden Ehegatten, zu
seinen Lebzeiten über sein Vermögen zu verfügen, wird
durch die Regelungen der zum gemeinschaftlichen Testament nicht berührt. Wie die erbenden Kinder trotzdem
vor beeinträchtigenden Verfügungen geschützt werden,
hängt von der gewählten Konstruktion ab.

aa) Trennungsprinzip

Beim Trennungsprinzip gelten die Verfügungsbeschränkungen, denen der Vorerbe gem. §§ 2113, 2115 unterliegt.

Beispiel 17: Der Erblasser M und seine Frau F haben sich gegenseitig zu Vorerben eingesetzt. Nacherbe soll der gemeinsame Sohn S sein. M stirbt. Zu seinem Nachlass gehört auch sein Elternhaus, das er zu seinen Lebzeiten immer vermietet hatte. F will dieses Haus veräußern. Ist dies zulässig?

Lösung: Die Veräußerung des Hauses durch F verstößt gegen § 2113 I, da das Haus zur Erbschaft gehört und die Verfügung darüber das Recht des S als Nacherbe beeinträchtigen würde.

Beispiel 18: Vgl. *Beispiel 17*. F verschenkt eine von M geerbte wertvolle Münzsammlung an ihren Bruder B. Wegen § 2113 II kann sie die Sammlung in Erfüllung des Schenkungsversprechens nicht wirksam an B übereignen.

bb) Einheitsprinzip

Da der überlebende Ehegatte beim Einheitsprinzip Vollerbe wird, unterliegt er nicht den Beschränkungen der §§ 2113 ff. Auch in diesem Fall besteht jedoch ein Bedürfnis, die Kinder vor beeinträchtigenden Schenkungen zu schützen. Die Interessenlage ist insoweit mit derjenigen beim Erbvertrag vergleichbar. Da sich im Bereich des Ehegattentestaments keine Regelung findet, wendet die ganz herrschende Meinung in diesem Fall die §§ 2287 f. *analog* an.

Beispiel 19: M und F haben sich gegenseitig zu Vollerben und ihre Tochter T als Schlusserbin eingesetzt. Weil er es nicht der T zukommen lassen will, verschenkt der M ein von F geerbtes Haus nach dem Tod der F an seine Schwester S. T fragt nach ihren Rechten.

Lösung: Die Schenkung des M ist in Beeinträchtigungsabsicht erfolgt, so dass T von S gem. § 2287 I analog Herausgabe des Hauses verlangen kann.

c) Auswirkungen auf das Pflichtteilsrecht

Gemäß § 2303 hat ein Abkömmling, der vom Erblasser durch Verfügung von Todes wegen von der Erbfolge ausgeschlossen wurde, gegen den Erben einen Anspruch auf seinen Pflichtteil, vgl. dazu S. 83 ff.

Bei Verwirklichung des Trennungsprinzips erlangen die Kinder als potentielle Pflichtteilsberechtigte eine Nacherbenstellung. Die Voraussetzungen des § 2303, der einen vollständigen Ausschluss von der Erbfolge verlangt, liegen also nicht vor. Allerdings hat das Kind die Möglichkeit, den Pflichtteilsanspruch gem. § 2306 II, I nach Ausschlagung seines Erbteils geltend zu machen.

Anders ist es im Falle des Einheitsprinzips: Da die Kinder zunächst komplett enterbt werden, steht ihnen grundsätzlich der Pflichtteilsanspruch gem. § 2303 gegen den überlebenden Ehegatten zu. Häufig werden die Ehegatten dies jedoch durch sog. Straf- oder Verwirkungsklauseln zu vermeiden suchen: Sie können etwa vereinbaren, dass ein Kind, das nach dem Tod des Erstversterbenden seinen Pflichtteil verlangt, auch beim Tod des Längerlebenden nur noch den Pflichtteil erhalten soll.

d) Rechtl. Bedeutung d. *Wiederverheiratungsklausel*

Vielfach treffen die Ehegatten in ihrem „Berliner Testament" auch Vorkehrungen für den Fall der Wiederheirat des Überlebenden. Üblich sind z. B. Klauseln, wonach der Nachlass des Erstverstorbenen an die Kinder fallen soll, wenn der Überlebende eine neue Ehe eingeht. Wenn die Ehegatten in ihrem Testament das Trennungsprinzip verwirklicht haben, ändert sich durch eine solche Klausel ggf. nur der Zeitpunkt der Nacherbfalls: Im Falle der Wiederheirat tritt der Nacherbfall nicht erst mit dem Tod des Überlebenden, sondern bereits mit dessen erneuter Eheschließung ein.

Etwas komplizierter ist die Konstruktion, wenn sich die Eheleute *gegenseitig als Vollerben* im Sinne der Einheitslösung eingesetzt haben. Nach herrschender Meinung beinhaltet die Klausel dann regelmäßig die auflösend bedingte Einsetzung des Längerlebenden als Vollerbe und zugleich die aufschiebend bedingte Anordnung einer Vor- und Nacherbschaft. Wenn er nach dem Tod des Erstversterbenden wieder heiratet, verliert der Längerlebende also gem. § 158 II seine Vollerbenstellung und wird (durch den Eintritt der aufschiebenden Bedingung der Wiederheirat gem. § 158 I) Vorerbe, während die Kinder gleichzeitig Nacherben werden. Der wiederverheiratete überlebende Ehegatte unterliegt dann den Verfügungsbeschränkungen der §§ 2113 ff.

Das „Berliner Testament"

Trennungslösung: Vor- und Nacherbfolge	Einheitslösung: Voll- und Schlusserbfolge
• Ehegatten bestimmen sich gegenseitig zu Vorerben und Kinder zu Nacherben • Nacherbfall: Tod des Längerlebenden	• Ehegatten bestimmen sich gegenseitig zu Vollerben und Kinder zu Schlusserben

• Vermögen des verstorbenen und des längerlebenden Ehegatten bleiben getrennt	• Vermögensmassen beider Ehegatten verschmelzen bei Tod des Erstversterbenden
• überlebender Ehegatte unterliegt bzgl. des geerbten Vermögens den Beschränkungen der §§ 2113 ff.	• keine Verfügungsbeschränkungen des überlebenden Ehegatten hinsichtlich der gesamten Vermögensmasse
• Pflichtteilsanspruch des Kindes nur bei Ausschlagung der Nacherbschaft, § 2306 II, I	• Kind kann bei Tod des Erstversterbenden gem. § 2303 seinen Pflichtteil fordern

IV. Der Erbvertrag, §§ 2274 ff.

1. Inhalt

Die stärkste Bindungswirkung unter den Verfügungen von Todes wegen entfaltet der in den §§ 2274 ff. geregelte Erbvertrag. Durch einen solchen Vertrag kann sich der Erblasser mit einem anderen darüber einigen, dass der Vertragspartner oder eine dritte Person mit seinem Tod einen Vermögenswert erhalten soll. Als Vertrag und gleichzeitige Verfügung von Todes wegen hat der Erbvertrag eine *Doppelnatur.*

Beim Erbvertrag ist zwischen sog. *vertragsmäßigen* und *nicht vertragsmäßigen* Verfügungen zu unterscheiden. Gegenstand der Einigung zwischen den Parteien des Erbvertrags muss zumindest eine vertragsmäßige Verfügung sein. Als solche Verfügungen kommen gem. § 2278 II Erbeinsetzungen, Vermächtnisse und Auflagen in Betracht. Andererseits muss nicht jede Zuwendung der genannten Arten, die im Erbvertrag enthalten ist, zwingend eine vertragsmäßige Verfügung darstellen. Ob dies der Fall ist, ist im Wege der Auslegung zu ermitteln. Entscheidendes Kriterium dabei ist, dass die Vertragsmäßigkeit einer Verfügung die bereits erwähnte Bindungswirkung für den Erblasser entfaltet. Je nachdem, ob diese Bindung ersichtlich gewollt ist, hat die Einordnung der Verfügung als vertragsmäßige oder nicht vertragsmäßige zu erfolgen.

Im Gegensatz zu anderen letztwilligen Verfügungen ist bei der Auslegung von Erbverträgen auch der *objektive Empfängerhorizont* im Sinne des § 157 zu berücksichtigen!

2. Wirksamkeit

Wegen der weitreichenden Rechtsfolgen müssen für den Abschluss eines Erbvertrages besondere Wirksamkeitsvoraussetzungen erfüllt sein: So reicht die allgemeine Testierfähigkeit im Sinne des § 2229 für einen Erbvertrag nicht aus. Gem. § 2275 kann einen Erbvertrag als Erblasser nur schließen, wer unbeschränkt geschäftsfähig ist. Außerdem müssen die notwendigen Erklärungen gemäß § 2276 I bei gleichzeitiger Anwesenheit beider Vertragsteile vor dem *Notar* abgegeben werden. Allerdings kann sich der Vertragsgegner dabei vertreten lassen, während der Erblasser den Vertrag gem. § 2274 nur persönlich schließen kann. Im Übrigen gelten auch für den Erbvertrag die allgemeinen Wirksamkeitsvoraussetzungen für letztwillige Verfügungen.

Vorliegen eines wirksamen Erbvertrags

---

1. Allgemeine Wirksamkeitsvoraussetzungen
   (Testierwille, keine Nichtigkeit gem. § 138 etc.)
2. Höchstpersönlichkeit, § 2274
3. Notarielle Form des § 2276 I
4. Mindestens eine vertragsmäßige
   Verfügung, § 2278 II

---

3. Arten von Erbverträgen

Die Parteien können den Vertrag als *einseitigen Erbvertrag* schließen, indem nur ein Vertragspartner vertragsmäßige Verfügungen von Todes wegen trifft. Die Erklärung des anderen Vertragspartners beinhaltet in diesem Fall entweder nur die Verpflichtung zu einer Leistung unter Lebenden oder beschränkt sich auf die bloße Annahme der Erklärung des Erblassers. Treffen *beide* Parteien vertragsmäßige Verfügungen, handelt es sich um einen *zweiseitigen Erbvertrag*.

Bei einem *entgeltlichen Erbvertrag* verpflichtet sich der Vertragspartner des Erblasser diesem gegenüber zu einer Leistung. Anderenfalls liegt ein *unentgeltlicher Erbvertrag* vor.

4. Bindungswirkung

a) Inhalt und Umfang

Grundsätzlich tritt bei jedem Vertrag eine Bindung der Vertragsparteien an die abgegebenen Willenserklärungen ein. Diese Rechtsfolge wird für den Erbvertrag in § 2289 I ausdrücklich normiert. Danach sind spätere Verfügungen von Todes wegen unwirksam, soweit sie das Recht des vertragsmäßig Bedachten beeinträchtigen würden.

Das ist der Fall, wenn die anderweitige Verfügung die vertragsgemäße Zuwendung mindert, beschränkt, belastet oder gegenstandslos macht, z. B. durch die Anordnung von Vermächtnissen oder Auflagen.

Beispiel 20: M hat seine Frau F durch Erbvertrag zur Alleinerbin eingesetzt. Einige Zeit später meldet sich die Tochter T, zu der M jahrelang keinen Kontakt mehr gehabt hatte. Um auch T langfristig abzusichern, verfügt M testamentarisch, dass F nunmehr Vor- und T Nacherbin sein soll. Nachdem M gestorben ist, will F ein zum Nachlass des M gehörendes Haus veräußern. T hält das für unwirksam.

Lösung: Die Veräußerung des Hauses wäre unwirksam, wenn F als Vorerbin der Beschränkung des § 2113 I unterliegt. Ursprünglich hatte M die F durch Erbvertrag zur Vollerbin eingesetzt. Fraglich ist, ob er durch seine spätere Verfügung noch wirksam die Vor- und Nacherbschaft anordnen konnte. Die Verfügung ist gem. § 2289 I 2 unwirksam, soweit sie das Recht der Vertragserbin F beeinträchtigen würde. Eine solche Beeinträchtigung der F ergibt sich aus den in §§ 2113 ff. geregelten Verfügungsbeschränkungen. Da die spätere Verfügung des M somit gem. § 2289 I 2 unwirksam ist, bleibt es bei der vertragsgemäßen Einsetzung der F zur Vollerbin. F kann das Haus also wirksam veräußern.

Einseitige Verfügungen in einem Erbvertrag kann der Erblasser gem. §§ 2299, 2253 ff. jederzeit frei widerrufen!

---

b) Durchbrechung

Unter bestimmten Umständen kann die erbvertragliche Bindungswirkung durchbrochen werden. So kann sich der Erblasser nach ganz herrschender Meinung einen Änderungsvorbehalt ausbedingen. Doch auch bei Fehlen eines solchen Vorbehalts hat der Erblasser verschiedene Möglichkeiten, sich von der Bindungswirkung vertragsmäßiger Verfügungen zu lösen:

- Anfechtung seiner eigenen Verfügungen gemäß §§ 2281 ff., 2078 f.

- Abschluss eines formgültigen Aufhebungsvertrags gemäß § 2290

- Aufhebung durch Testament mit Zustimmung des anderen Vertragsschließenden gemäß § 2291

- Aufhebung durch gemeinschaftliches Testament gemäß § 2292.

Liegt ein zweiseitiger Erbvertrag vor, geht das Gesetz in § 2298 I, III davon aus, dass die getroffenen Verfügungen im Zweifel wechselbezüglich sind und die Nichtigkeit einer dieser Verfügungen die Unwirksamkeit des ganzen Vertrages zur Folge hat.

Neben den bereits genannten Möglichkeiten kann sich der Erblasser von der erbvertraglichen Bindung durch Rücktritt lösen. Dazu muss er einen Rücktrittsgrund haben und den Rücktritt form- und fristgerecht ausüben. Ein Rücktrittsgrund ist gemäß § 2293 bei einem entsprechenden Vorbehalt gegeben.

Klausurtipp: Wegen der unterschiedlichen Formerfordernisse muss zwischen dem *Rücktritts-* und dem zuvor erwähnten *Änderungsvorbehalt* streng differenziert werden! Beim Änderungsvorbehalt kann der Erblasser eine abweichende Verfügung durch formwirksames Testament treffen, während für die wirksame Ausübung des Rücktrittsrechts die Voraussetzungen des § 2296 erfüllt sein müssen!

Weitere Rücktrittsgründe sind gem. § 2294 die Begehung einer schweren Verfehlung durch den Bedachten und gemäß § 2295 die Aufhebung einer rechtsgeschäftlichen Verpflichtung des Bedachten, an den Erblasser zu dessen Lebenszeit wiederkehrende Leistungen zu erbringen.

Der Rücktritt hat gem. § 2296 II durch Erklärung gegenüber dem anderen Vertragspartner zu erfolgen und bedarf der notariellen Beurkundung. Gemäß § 2298 II führt die Ausübung des vertraglich vorbehaltenen Rücktrittsrechts zur Aufhebung des ganzen Vertrags.

5. Auswirkungen des Erbvertrags auf Verfügungen des Erblassers zu Lebzeiten

§ 2286 legt ausdrücklich fest, dass das Recht des Erblassers, über sein Vermögen durch Rechtsgeschäft unter Lebenden zu verfügen, durch den Erbvertrag nicht beschränkt wird. Dadurch besteht allerdings eine erhebliche Gefahr, dass die Stellung des Vertragspartners durch lebzeitige Rechtsgeschäfte des Erblassers erheblich entwertet wird. Aus diesem Grund trifft § 2287 I für Schenkungen eine Sonderregelung: Wenn der Erblasser Vermögensgegenstände in der Absicht verschenkt, den Vertragserben zu beeinträchtigen, kann dieser nach dem Erbfall das Geschenk nach Bereicherungsvorschriften herausverlangen.

Die erforderliche Schenkung im Sinne des § 516 liegt vor, wenn zwischen Erblasser und Empfänger über die Unentgeltlichkeit der Zuwendung Einigkeit besteht. Dies kann auch bei einer sog. *gemischten Schenkung* der Fall sein, wenn die Zuwendung zum Teil unentgeltlich erfolgt (weil der Wert der Leistung des beschenkten Dritten hinter dem Wert der Leistung des Erblassers zurückbleibt). Mit Beeinträchtigungsabsicht handelt der Erblasser nach der neueren Rechtsprechung, wenn er an der Schenkung kein lebzeitiges Eigeninteresse hat. Es ist nicht mehr erforderlich, dass die Beeinträchtigung des Vertragspartners der vorherrschende Beweggrund für die Schenkung ist.

Beispiel 21: Witwer E hat in einem Erbvertrag mit seinem Sohn S den S zu seinem Alleinerben eingesetzt. Danach heiratet er die wesentlich jüngere F, die ihn in den Folgejahren aufopferungsvoll pflegt. Zum Dank schenkt E der F Schmuck im Wert von 20.000 Euro. S verlangt den Schmuck nach dem Tod des E von der F heraus. Zu Recht?

Lösung: S hat einen Anspruch gem. § 2287 gegen F, wenn E der F das Geld in Beeinträchtigungsabsicht geschenkt hat. Die Zuwendung des E an die F ist im erbrechtlichen Zusammenhang als Schenkung zu behandeln (auch wenn sie familienrechtlich wohl als *unbenannte Zuwendung unter Ehegatten* einzuordnen wäre). Dafür genügt die objektive Unentgeltlichkeit. E müsste aber auch mit Beeinträchtigungsabsicht gehandelt haben. Vorliegend erscheint die Schenkung einerseits aufgrund des Einsatzes der F sittlich gerechtfertigt; andererseits verfolgte E mit der Schenkung das anerkennenswerte Motiv, seine jüngere Ehefrau zwecks weiterer Betreuung und Pflege im Alter an sich zu binden. Mangels Beeinträchtigungsabsicht hat S gegen F keinen Anspruch auf Herausgabe des Schmucks gem. § 2287 I.

Der Anspruch aus § 2287

1. Schenkung im Sinne des § 516
2. Beeinträchtigungsabsicht des Erblassers
3. Rechtsfolge: Herausgabe des Geschenks nach Bereicherungsgrundsätzen (Rechtsfolgenverweisung)

▸ Literatur zu dieser Lektion

Schreiber, **Jura** 1996, 360 (Testament – Grundlagenwissen)
Böhr, **Jura** 1999, 194 (Wirksamkeit, Ausl., Anf. des Testaments)
Deinert/Dölitzsch, **Jura** 2004, 127 (gemeinschaftl. Test. – Klausur)
Werner, **Jura** 2003, 410 (Ausl., Widerruf b. gemein. T. – Klausur)
Helms, **Jura** 2003, 47 (gemeinschaftl. T./Anfechtung – Hausarbeit)
Olzen, **Jura** 2001, 726 (gemeinschaftl. Testament – Grundlagen)
Schippel, **Jura** 2001, 97 (Erbvertrag – Klausur)
Heinrichsmeier, **JuS** 2000, 49 (gem. Testament/Erbvertr. – Klausur)

Lektion 3: Die gesetzliche Erbfolge, §§ 1924 ff.

I. Eintritt der gesetzlichen Erbfolge

Grundsätzlich hat die gewillkürte Erbfolge, d. h. die Erbeinsetzung durch Testament oder Erbvertrag, Vorrang vor der gesetzlichen Erbfolge der §§ 1924 ff. Die gesetzliche Erbfolge tritt immer dann ein, wenn der Erblasser *keine wirksame Verfügung* von Todes wegen getroffen hat oder seine Verfügung von Todes wegen keine Erbeinsetzung enthält. Gesetzliche und gewillkürte Erbfolge können aber auch nebeneinander eine Rolle spielen, wenn der Erblasser nur über einen Teil seines Vermögens letztwillig verfügt hat.

Beispiel 1: Das Vermögen des Witwers W besteht im Wesentlichen aus einem Aktiendepot im Wert von 100.000 €. Nach einem gültigen Testament des W soll sein Bruder B zur Hälfte Erbe des Vermögens werden. Außerdem hinterlässt W zwei Söhne X und Y. - Der W hat nur den B als Erben eingesetzt und gleichzeitig dessen Einsetzung auf die Hälfte der Erbschaft beschränkt. Daher tritt gem. § 2088 I hinsichtlich der anderen Hälfte der Erbschaft die gesetzliche Erbfolge ein, d. h. die beiden Söhne X und Y sind zu je ¼ Erben des W.

Schließlich kann die gesetzliche Erbfolge auch bei vollständig gewillkürter Erbfolge Bedeutung erlangen. So verweisen mehrere Auslegungsregeln für letztwillige Verfügungen auf die gesetzliche Erbfolge (z. B. §§ 2066, 2067, 2069) und der in § 2303 geregelte Pflichtteilsanspruch (vgl. S. 83 ff.) wird unter Rückgriff auf den gesetzlichen Erbteil des Berechtigten berechnet.

Erbfähig ist gemäß § 1923 II auch das zur Zeit des Erbfalls noch nicht lebende, aber bereits gezeugte Kind, der sog. *nasciturus.*

II. Das gesetzliche Erbrecht der Verwandten

Die §§ 1924 ff. regeln das gesetzliche Erbrecht der Verwandten des Erblassers. Verwandt sind nach der familienrechtlichen Regelung des § 1589 Personen, die voneinander oder von derselben dritten Person abstammen. Zur Bestimmung der gesetzlichen Erben innerhalb dieser Verwandtschaft des Erblassers hat das BGB eine Reihe von Prinzipien aufgestellt, die zum Teil kombiniert zur Anwendung kommen.

1. Das Parentel- bzw. Ordnungssystem

Zunächst sind die gesetzlichen Erben anhand des sog. *Parentel- oder Ordnungssystems* zu ermitteln. Dieses System beruht auf der Einteilung der Verwandten aufgrund ihrer Abstammung von bestimmten gemeinsamen Elternteilen (parentes). Verwandte vorhergehender Ordnungen schließen gemäß § 1930 die Verwandten nachfolgender Ordnungen von der Erbschaft aus. Die verschiedenen Ordnungen ergeben sich aus den §§ 1924 ff.

Ordnungen der gesetzlichen Erbfolge

1. Ordnung: Abkömmlinge des Erblassers, § 1924 I
2. Ordnung: Eltern des Erbl. und deren Abkömmlinge, § 1925 I
3. Ordnung: Großeltern d. Erbl. u. deren Abkömmlinge, § 1926 I
4. Ordnung: Urgroßeltern d. Erbl. u. d. Abkömmlinge, § 1928 I

Abkömmlinge einer Person sind jeweils die in gerader absteigender Linie mit ihr verwandten Personen, also neben Kindern auch Enkel, Urenkel usw.

Beispiel 2: Der jung verstorbene E hinterlässt zwei kleine Kinder. Außerdem leben noch seine beiden Eltern, seine drei Schwestern und eine Tante, die eine Tochter seiner Großeltern mütterlicherseits ist. Wer ist Erbe erster, zweiter usw. Ordnung?

Lösung: Gemäß § 1924 I sind die Kinder des E Erben *erster Ordnung*. Die Eltern des E und seine drei Schwestern sind gem. § 1925 I Erben *zweiter Ordnung*. Als Abkömmling der Großeltern des E ist die Tante des E gemäß § 1926 I eine Erbin *dritter Ordnung*. Wegen § 1930 schließen die Kinder alle anderen Verwandten, die ihnen gegenüber nachgehenden Ordnungen angehören, von der Erbfolge aus.

Der Grad der Verwandtschaft spielt innerhalb des Ordnungssystems grundsätzlich *keine* Rolle. Ein gradmäßig entfernterer Verwandter, der einer höheren Ordnung angehört, kann einen näheren Verwandten verdrängen.

Beispiel 3: Erblasser E hinterlässt einen Enkel sowie seine beiden Eltern. Als Abkömmling gehört der Enkel gem. § 1924 I der ersten Ordnung an. Er ist aber gem. § 1589 S. 3 nur ein Verwandter 2. Grades des E, während der Verwandtschaftsgrad der Eltern näher ist. Trotzdem schließt der Enkel die Eltern des E von der Erbfolge aus.

2. Das Erbrecht innerhalb der Ordnungen

Innerhalb der Ordnungen kommt es für die Bestimmung des Erben auf das Stammes-, Repräsentations- und Liniensystem an.

a) Erbfolge nach Stämmen

Innerhalb der ersten Ordnung wird die Bestimmung der Erben nach *Stämmen* vorgenommen, § 1924 III. Ein Stamm wird durch jedes Kind des Erblassers gebildet. Das Erbe entfällt auf die vorhandenen Stämme zu gleichen

Teilen (§ 1924 IV). Stämme, in denen zum Zeitpunkt des Erbfalls kein erbfähiger Abkömmling mehr existiert, bleiben unberücksichtigt.

Innerhalb der von den Kindern gebildeten Stämme gilt gemäß § 1924 II das *Repräsentationsprinzip.* Danach schließt ein zur Zeit des Erbfalls lebender Abkömmling seine eigenen, durch ihn mit dem Erblasser verwandten Abkömmlinge von der Erbfolge aus. Ist ein Kind des Erblassers bereits verstorben, kommt das in § 1924 III geregelte *Eintrittsrecht* zum Tragen: An die Stelle des verstorbenen Repräsentanten treten dann dessen Kinder.

Beispiel 4: Erblasser E hatte drei Kinder, von denen zum Zeitpunkt des Erbfalls bereits zwei (K1 und K3) verstorben sind. Außerdem hatte E insgesamt vier Enkel: E1, den Sohn des K1; E2 und E3, Söhne des K2; schließlich E4, Sohn des K3. E4 ist ebenfalls bereits verstorben und hinterlässt U1 und U2 als Urenkel des Erblassers. Wie ist die gesetzliche Erbfolge?

Lösung

1) Die Kinder des Erblassers bilden gem. § 1924 III Stämme, die zu gleichen Teilen erben. In jedem Stamm ist auch mindestens noch ein erbfähiger Abkömmling vorhanden, so dass alle drei Stämme jeweils zu 1/3 berücksichtigt werden.

2) Nach dem Repräsentationsprinzip des § 1924 II schließt K2 seine Söhne E2 und E3 von der Erbschaft aus. K1 und K3 als „Stammeltern" sind jedoch zum Zeitpunkt des Erbfalls bereits vorverstorben. Aufgrund des in § 1924 III geregelten Eintrittsrechts treten an die Stelle eines verstorbenen Repräsentanten dessen Abkömmlinge. Für K1 erbt also E1. An die Stelle des K3 würde zunächst E4 treten; da auch dieser vorverstorben ist, kommen U1 und U2 als dessen Abkömmlinge zum Zuge.

3) Die Höhe der Erbteile ergibt sich zunächst aus § 1924 IV, wonach die Stämme zu gleichen Teilen erben. Für den ersten Stamm ist nur noch E1 vorhanden, der somit zu 1/3 erbt. Der zweite Stamm wird von K2 repräsentiert, der ebenfalls Erbe zu 1/3 wird. Das auf den dritten Stamm entfallende Drittel müssen sich U1 und U2 teilen, die somit jeweils zu 1/6 erben.

b) Erbfolge nach Linien

Wenn zur Zeit des Erbfalls nur noch Erben der zweiten oder dritten Ordnung vorhanden sind, bestimmt sich die Erbfolge nach dem Prinzip der Linien (§ 1925 I 1). Linien, die jeweils zu gleichen Teilen erben, werden von den Elternteilen des Erblassers mit ihren Nachkommen gebildet. Auch innerhalb der Linien gelten gem. § 1925 II, III Repräsentationssystem und Eintrittsrecht.

Beispiel 5: Erblasser E hatte einen Sohn S, der bereits vorverstorben ist. Zum Zeitpunkt des Erbfalls lebt noch der Vater V des Erblassers sowie sein jüngerer Bruder B2. Die Mutter M des Erblassers ist ebenso vorverstorben wie sein älterer Bruder B1, der jedoch zwei Neffen N1 und N2 hinterlassen hat. Außerdem hatte E eine Halbschwester H, die aus einer früheren Beziehung seiner Mutter mit dem X stammt. Wie ist die gesetzliche Erbfolge?

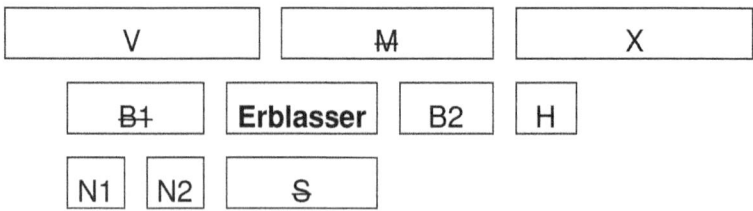

Lösung

1) Einziger Erbe erster Ordnung wäre der vorverstorbene S gewesen.

2) Fraglich ist, wer als Erbe zweiter Ordnung in Betracht kommt. Erben zweiter Ordnung sind gem. § 1925 I die Eltern des Erblassers und deren Abkömmlinge, die jeweils eine Linie bilden. Lebten beide Eltern noch, würden sie gem. § 1925 II je zur Hälfte erben. Hier erhält der V den auf seine Linie entfallenden hälftigen Erbanteil, während die Mutter zum Zeitpunkt des Erbfalls bereits vorverstorben ist. An ihrer Stelle erben gem. § 1925 III 1 ihre Abkömmlinge den auf ihre Linie entfallenden Anteil nach den für die Beerbung in der ersten Ordnung geltenden Vorschriften. Für die innerhalb einer Linie eintretenden Abkömmlinge gilt also wiederum eine Erbfolge nach Stämmen. Demnach würden die drei Kinder der M (B1, B2 und H) den auf M's Linie entfallenden Erbanteil von ½ zu gleichen Teilen erben, also zu je 1/6. Da B1 als Abkömmling der M bereits vorverstorben ist, treten an seine Stelle gem. § 1925 III, 1924 dessen Söhne N1 und N2.

Ergebnis: V erbt zur Hälfte. H und B2 werden je zu einem Sechstel Erben, während N1 und N2 je ein Zwölftel erhalten.

c) Erbfolge nach dem Gradualsystem

Ab der vierten Ordnung erfolgt die Ermittlung des Erben durch das sog. Gradualsystem. Gem. §§ 1928 III, 1929 erbt der mit dem Erblasser gradmäßig am nächsten Verwandte. Der Verwandtschaftsgrad richtet sich gemäß § 1589 S. 3 nach der Anzahl der vermittelnden Geburten, so dass z. B. Kinder mit ihren Eltern im ersten Grad, Geschwister untereinander im zweiten Grad verwandt sind.

III. Das Erbrecht des nichtehelichen Kindes

Ursprünglich existierten für das Erbrecht nichtehelicher Kinder im BGB Sonderregelungen. Diese Regelungen der §§ 1934 a bis 1934 e sowie des § 2338 a wurden jedoch mit Inkrafttreten des Erbrechtsgleichstellungsgesetzes zum 01.04.1998 gestrichen. Dadurch sind nichteheliche Kinder den ehelichen Kindern nunmehr vollständig gleichgestellt.

IV. Das Erbrecht des Staates, § 1936

Gem. § 1936 erbt der Staat, wenn zur Zeit des Erbfalls kein Verwandter, Lebenspartner oder Ehegatte des Erblassers vorhanden ist. Diese Voraussetzungen sind nicht nur dann erfüllt, wenn tatsächlich keine der genannten Personen existiert, sondern z. B. auch im Falle der Ausschlagung oder des Erbverzichts. Der Staat wiederum kann die ihm im Wege der gesetzlichen Erbfolge angefallene Erbschaft weder ausschlagen (§ 1942 II) noch auf sie verzichten (§ 2346).

▸ Literatur zu dieser Lektion
📖 Olzen, **Jura** 1998, 135 (Erbfolge – Grundlagenwissen)
📖 Helms, **JA** 1997, 757 (Erbfolge – Klausur)
📖 Belling, **Jura** 1986, 579; 625 (Erbfolge – Grundlagenwissen)

Lektion 4: Der Erbschein

I. Bedeutung im Rechtsverkehr

Wie bereits dargestellt, rückt der Erbe nach dem Grundsatz der Universalsukzession gemäß § 1922 vollständig in die Rechtsposition des Erblassers ein. Er wird also z. B. Eigentümer der dem Erblasser gehörenden Immobilien und Inhaber der Forderungen, die dem Erblasser gegen Dritte zustanden. Im Rechtsverkehr wird es allerdings häufig nötig sein, die durch den Erbgang erworbene Rechtsposition auch *dokumentieren* zu können. So muss der Erbe sein Erbrecht z. B. nachweisen, um seine Eintragung ins Grundbuch zu bewirken bzw. um den Schuldnern des Erblassers Gewissheit über seine Gläubigerstellung zu verschaffen. Diesem Zweck dient der Erbschein. Er ist das amtliche Zeugnis über das Erbrecht des Erben.

Ebenso wie eine falsche Grundbucheintragung oder irrtümliche Löschung, ändert die Erteilung eines Erbscheins nicht die materielle Rechtslage. Der Erbschein hat also für das Erbrecht nur *deklaratorische*, keine *konstitutive* Wirkung.

1) Inhalt und Arten

Gem. § 2353 wird im Erbschein das Erbrecht bzw. die Größe des Erbteils angegeben. Auch über eine etwaige Anordnung der Vor- und Nacherbschaft sowie deren Voraussetzungen (§ 352b I FamFG) und die Ernennung eines Testamentsvollstreckers (§ 352b II FamFG) gibt der Erbschein Auskunft.

Das Gesetz sieht in § 2353 1. Fall den sog. *Alleinerb-schein* vor, der das Erbrecht des Alleinerben bezeugt. Ist der Erbe nur zu einem Teile der Erbschaft berufen, erhält er einen *Teilerbschein* im Sinne des § 2352 2. Fall. Über die einzelnen Erbteile aller Miterben wird ein *gemein-schaftlicher Erbschein* erteilt, vgl. § 352a FamFG.

2) Öffentlicher Glaube

Der § 2365 beinhaltet eine *doppelte Vermutung:* Nach dieser Norm wird zunächst positiv vermutet, dass demjenigen, der im Erbschein als Erbe bezeichnet ist, auch das in dem Erbschein angegebene Erbrecht zusteht. Gleichzeitig gilt die negative Vermutung, dass der in dem Erbschein als Erbe Bezeichnete nicht durch andere als die in dem Erbschein angegebenen Anordnungen beschränkt ist.

An diese Vermutungen knüpfen die §§ 2366, 2367 an, die den öffentlichen Glauben des Erbscheins regeln. Beide Normen stellen einen gutgläubigen Dritten gegenüber dem durch Erbschein als Erben Ausgewiesenen so, als wenn dieser der wirkliche Erbe wäre.

- § 2366 findet Anwendung, wenn ein gutgläubiger Dritter vom Scheinerben durch Rechtsgeschäft einen Erbschaftsgegenstand, ein Recht an einem solchen Gegenstand oder die Befreiung von einem zur Erbschaft gehörenden Recht erwirbt.

- § 2367 gilt für Leistungen des gutgläubigen Dritten aufgrund eines zum Nachlass gehörenden Rechts.

- Daneben ist § 2367 anwendbar, wenn der gutgläubige Dritte mit dem Scheinerben ein Verfügungsgeschäft vornimmt, das nicht bereits unter § 2366 fällt.

Dem Dritten schadet in jedem Fall nur die *positive Kenntnis* von der Unrichtigkeit des Erbscheins. Sind mehrere Erbscheine in Umlauf, heben sich die gem. § 2365 bestehenden Vermutungen nach herrschender Meinung gegenseitig auf, soweit sie sich widersprechen. Im Ergebnis entfällt die Wirkung des öffentlichen Glaubens damit für alle Erbscheine in dem Umfang, in dem inhaltliche Widersprüche bestehen.

Die Wirkung der §§ 2366 f. beschränkt sich darauf, das fehlende Erbrecht des Scheinerben zu ersetzen. Wenn der betreffende Gegenstand gar nicht zum Nachlass gehört, kann § 2366 gegebenenfalls in Kombination mit den allgemeinen Gutglaubensvorschriften weiterhelfen. Beim Erwerb vom Scheinerben sind daher folgende Fallgruppen zu unterscheiden:

a) Der wahre Erbe wäre verfügungsberechtigt

Beispiel 1: Erblasser E hat den A zu seinem Alleinerben eingesetzt. Statt A nimmt jedoch der X den Nachlass in Besitz und lässt sich einen Erbschein ausstellen. Er veräußert eine Briefmarkensammlung, die dem E gehört hatte und sich im Nachlass befindet, unter Vorlage des Erbscheins an den Y. Ist Y Eigentümer geworden?

Lösung: Da X nicht Eigentümer der Sammlung war, fehlte ihm die Verfügungsberechtigung für eine Veräußerung an Y. In Betracht kommt ein gutgläubiger Erwerb. Allerdings hatte gem. § 857 der wahre Erbe A fiktiven Erbenbesitz an der Sammlung, die ihm durch das Vorgehen des X im Sinne des § 935 abhanden gekommen ist. Dies steht dem Eigentumserwerb durch Y jedoch nicht entgegen. Gem. § 2366 wird Y so gestellt, als wenn er vom wahren Erben erworben hätte. Durch § 2366 werden also die §§ 857, 935 überwunden. Y hat gem. §§ 2366, 929 I Eigentum an der Sammlung erworben.

Beispiel 2: Erblasser E war eingetragener Eigentümer eines Grundstücks, das er an den Alleinerben A vererbt hat. Dem X wurde ein Erbschein erteilt, ohne dass es bereits zu seiner Grundbucheintragung gekommen ist. X veräußert das Grundstück an Y. Eigentumserwerb des Y?

Lösung: Gem. § 2366 wird Y so gestellt, als wenn er vom wahren Erben – d. h. dem verfügungsbefugten A – erworben hätte. Er erwirbt das Eigentum an dem Grundstück daher gemäß §§ 2366, 873 durch Einigung und Eintragung. Seine eigene Eintragung scheitert nicht an der fehlenden Voreintragung des X, die gem. § 40 GBO entbehrlich ist.

Klausurtipp: Wäre der Scheinerbe bereits im Grundbuch eingetragen gewesen, käme es für den gutgläubigen Erwerb des Erwerbers nur noch auf die §§ 892, 893 an. In diesem Fall werden die §§ 2366, 2367 von den Gutglaubensvorschriften des Immobiliarsachenrechts verdrängt!

Beispiel 3: Im Nachlass des E befindet sich auch eine Darlehensforderung gegen D. Der Scheinerbe X tritt diese Forderung an den gutgläubigen Y ab. Hat Y die Forderung erworben?

Lösung: Gem. § 2366 ist die Verfügung des nichtberechtigten X über die Forderung so zu betrachten, als hätte der wahre Erbe sie vorgenommen. Damit hat Y die Forderung von X gem. §§ 2366, 398 erworben. Über § 2366 ist ausnahmsweise der gutgläubige Erwerb einer (tatsächlich bestehenden) Forderung vom Nichtberechtigten möglich.

b) Der wahre Erbe wäre nicht verfügungsberechtigt

Beispiel 4: Vgl. *Beispiel 1*. Erblasser E hatte sich die im Nachlass befindliche Briefmarkensammlung von seinem Sammlerfreund S zur Ansicht vorbeibringen lassen, weil er in Erwägung zog, sie ihm abzukaufen. Dazu war es jedoch vor dem Tod des E nicht mehr gekommen. Scheinerbe X nimmt die Sammlung in Besitz und veräußert sie an den gutgläubigen Y. Eigentumserwerb des Y?

Lösung: X hat als Nichtberechtigter über die Sammlung verfügt. Gemäß § 2366 wird Y so gestellt, als wenn er vom wahren Erben erworben hätte. Auch dieser hätte die Sammlung nicht als Berechtigter übertragen können, da sie dem E nicht gehört hatte. Die fehlende Berechtigung des wahren Erben kann jedoch durch § 932 überwunden werden.

Der Y hat gem. § 2366, 929, 932 Eigentum an der Sammlung erworben, wenn er sowohl hinsichtlich der Richtigkeit des Erbscheins als auch hinsichtlich des fehlenden Eigentums des E gutgläubig war.

Klausurtipp: Der Maßstab für die Gutgläubigkeit ist bei § 2366 und bei § 932 unterschiedlich: Während bei § 2366 nur *positive Kenntnis* schadet, schließt schon *fahrlässige Unkenntnis* den gutgläubigen Erwerb gem. § 932 aus!

Abwandlung: E hatte die Sammlung seinerzeit bei einem Besuch bei S heimlich mitgenommen. - Gemäß § 2366 wird Y wieder so gestellt, als wenn er vom wahren Erben erworben hätte. Dieser hätte wegen des mangelnden Eigentums des E wie oben nicht als Berechtigter verfügen können. Die Nichtberechtigung des wahren Erben kann hier jedoch auch nicht gem. § 932 überwunden werden, da die Sammlung dem S im Sinne des § 935 abhanden gekommen war. Y hat kein Eigentum erworben.

Beispiel 5: Erblasser E war Bucheigentümer eines Grundstücks, das in Wirklichkeit dem F gehörte. Wahrer Erbe des E ist der Alleinerbe A. Dem X wurde ein Erbschein erteilt, ohne dass es bereits zu seiner Grundbucheintragung gekommen ist. X veräußert das Grundstück an Y. Eigentumserwerb des Y?

Lösung: Da auch der wahre Erbe nur als Nichtberechtigter hätte verfügen können, kommt hier § 2366 kombiniert mit der Gutglaubensvorschrift des § 892 zur Anwendung. Y hat gem. §§ 2366, 873, 925, 892 Eigentum an dem Grundstück erworben, wenn er hinsichtlich der Erbenstellung des X und des Eigentums des E gutgläubig war.

Beispiel 6: Vgl. *Beispiel 3.* Die Darlehensforderung des Erblassers E gegen den D war mangels Auszahlung des Darlehens gar nicht zur Entstehung gelangt. Scheinerbe X tritt sie trotzdem an den gutgläubigen Y ab. Forderungserwerb des Y?

Lösung: § 2366 allein hilft dem Zessionar nicht weiter, wenn die vom Scheinerben abgetretene Forderung gar nicht existiert hat. Denn dann hätte auch der wahre Erbe sie nicht wirksam übertragen können. Eine mit §§ 932, 892 vergleichbare Vorschrift für den gutgläubigen Forderungserwerb gibt es nicht (mit Ausnahme des hier nicht einschlägigen § 405). Y hat die Forderung nicht erworben.

82

c) Fälle des § 2367

Bei der Leistung an den Scheinerben und bei der Vornahme sonstiger Rechtsgeschäfte kommt § 2367 zur Anwendung.

Beispiel 7: Vgl. *Beispiel 3*. Erblasser E hatte eine Darlehensrückzahlungsforderung gegen D. D zahlt den geschuldeten Betrag an den Scheinerben S zurück. Gem. § 2367 1. Fall wird D so gestellt, als wenn er an den wahren Erben gezahlt hätte. Er wird also durch die Zahlung an S frei.

Abwandlung: D rechnet gegenüber dem Scheinerben S mit einer ihm gegen den Erblasser E zustehenden Forderung auf. Die Aufrechnung gegenüber dem Scheinerben ist ein Rechtsgeschäft im Sinne des § 2367 2. Fall. Dass es sich dabei um ein einseitiges Rechtsgeschäft handelt, ist nach ganz herrschender Meinung unschädlich. Die gegenüber S erklärte Aufrechnung ist daher auch gegenüber dem wahren Erben wirksam.

II. Verfahren

Das Erbscheinsverfahren (vgl. dazu auch §§ 352 ff. FamFG) ist ein Verfahren der *Freiwilligen Gerichtsbarkeit*. Der Erbschein wird gem. § 2353 auf Antrag des Erben bzw. (im Falle des § 352a FamFG) des Miterben vom Nachlassgericht ausgestellt. Da es sich um ein Verfahren der Freiwilligen Gerichtsbarkeit handelt, gilt der *Amtsermittlungsgrundsatz* (vgl. § 26 FamFG). Das Nachlassgericht darf den Erbschein gem. § 352e FamFG nur erteilen, wenn es die zur Begründung des Antrags erforderlichen Tatsachen für festgestellt erachtet.

▸ Literatur zu dieser Lektion

📖 Kammerlohr, **JA** 2003, 143 (Erbscheinverf. – Grundlagenwissen)
📖 Gerlach, **Jura** 2003, 774 (Erbschein – Klausur)
📖 Medicus, **Jura** 2001, 294 (Erbschein – Grundlagenwissen)
📖 Böhr/Dedeck, **Jura** 1999, 194 (Erbschein – Klausur)

Lektion 5: Das Pflichtteilsrecht, §§ 2303 ff.

Im Rahmen seiner Testierfreiheit kann der Erblasser seine nächsten Angehörigen durch Verfügung von Todes wegen vollständig enterben. Auf der anderen Seite geht das Gesetz davon aus, dass den Erblasser über seinen Tod hinaus eine Schutzpflicht für diese Personengruppe trifft. Dieser Gedanke findet Ausdruck in den Regelungen des Pflichtteilsrechts gem. §§ 2303 ff., die die Testierfreiheit spürbar einschränken.

Nur unter den besonders engen Voraussetzungen des § 2333 kann der Erblasser den Pflichtteil vollständig entziehen, z.B., wenn der Abkömmling dem Erblasser, dem Ehegatten des Erblassers, einem anderen Abkömmling oder einer dem Erblasser ähnlich nahe stehenden Person *nach dem Leben trachtet,* sich eines *Verbrechens* oder eines *schweren vorsätzlichen Vergehens* gegen eine der bezeichneten Personen *schuldig macht* oder die ihm dem Erblasser gegenüber gesetzlich obliegende *Unterhaltspflicht böswillig verletzt.*

I. Der Pflichtteilsanspruch

Das Gesetz kennt verschiedene Pflichtteilsansprüche, je nachdem, ob der Berechtigte vollständig oder nur teilweise enterbt wurde oder sein Pflichtteil durch Schenkungen des Erblassers vor dem Erbfall wirtschaftlich entwertet worden ist. In jedem Fall verschafft das Pflichtteilsrecht dem Berechtigten jedoch nur einen schuldrechtlichen Anspruch. Die Pflichtteilsansprüche gehören als Erbfallschulden zu den Nachlassverbindlichkeiten, die vom Erben zu erfüllen sind.

1. Der Anspruch aus § 2303

§ 2303 räumt dem Berechtigten einen Anspruch gegen den Erben in Höhe der Hälfte des Wertes des gesetzlichen Erbteils ein.

a) Die Pflichtteilsberechtigung

Pflichtteilsberechtigt sind gem. § 2303 I 1 die *Abkömmlinge* sowie gem. § 2303 II 1 die *Eltern* und der *Ehegatte* des Erblassers. Ebenfalls pflichtteilsberechtigt ist gem. § 10 VI LPartG der *gleichgeschlechtliche Lebenspartner*. Alle diese Personen haben nur dann einen Pflichtteilsanspruch, wenn sie durch Verfügung von Todes wegen von der Erbfolge ausgeschlossen sind. Der Ausschluss von der Erbfolge kann darauf beruhen, dass der Erblasser die betreffende Person entweder *vollständig enterbt* oder nur als Ersatzerbe vorgesehen hat. Nach der Auslegungsregel des § 2304 ist die Zuwendung des Pflichtteils im Zweifel nicht als Erbeinsetzung anzusehen, so dass auch in einem solchen Fall bei Fehlen anderer Anhaltspunkte eine Enterbung vorliegt.

Nicht pflichtteilsberechtigt ist grundsätzlich der berufene Erbe, der die Erbschaft ausschlägt. Ausnahmen hierzu ergeben sich aus § 2306 I und für den Ehegatten aus § 2303 II 2 in Verbindung mit § 1371, worauf weiter unten noch näher eingegangen wird.

b) Die Berechnung des Pflichtteils

Die Höhe des Pflichtteils beträgt gem. § 2303 I 2 die Hälfte des Wertes des gesetzlichen Erbteils. Hierfür kommt es also zunächst auf die Erbquote des Berechtigten an, die ihm bei gesetzlicher Erbfolge zugestanden hätte. Dabei sind gem. § 2310 S. 1 diejenigen Personen mit zu berücksichtigen, die vom Erblasser enterbt worden sind oder die Erbschaft ausgeschlagen haben. Berechnungsgrundlage ist gem. § 2311 der Wert des Nachlasses zur Zeit des Erbfalls.

Beispiel 1: Witwer W hat drei Kinder A, B und C. Er hat testamentarisch seine Kinder A und B als Erben zu je ½ eingesetzt. Nach dem Tod des W schlägt B die Erbschaft aus; C verlangt seinen Pflichtteil.

Lösung: C ist gem. § 2303 I 1 pflichtteilsberechtigt, weil er als Abkömmling durch Verfügung von Todes wegen von der Erbfolge ausgeschlossen worden ist. Ihm steht ein Geldanspruch in Höhe der Hälfte des Wertes seines gesetzlichen Erbteils zu. Gem. § 2310 ist der B, der die Erbschaft ausgeschlagen hat, bei der Feststellung des maßgebenden Erbteils mitzuzählen. Es hätten demnach drei gesetzliche Erben vorgelegen, die jeweils zu 1/3 geerbt hätten. Der Pflichtteil des C beträgt also 1/6.

Der Pflichtteilsanspruch gemäß § 2303

---

1. Pflichtteilsberechtigung
   **a) Gemäß § 2303 I, II: Abkömmlinge, Ehegatte
      und Eltern des Erblassers**
   **b) Durch Verfügung von Todes wegen von der
      Erbfolge ausgeschlossen**
**2. Höhe des Pflichtteilsanspruchs: Gemäß § 2303 I 2 Hälfte
   des Wertes des gesetzlichen Erbteils**
   **a) Zu berücksichtigende Personen bei Erbteilermittlung:
      § 2310**
   **b) Gem. § 2311 Wert des Nachlasses zum Zeitpunkt des
      Erbfalls maßgeblich**

Da der Pflichtteilsberechtigte keinen Zugriff auf den Nachlass hat, wird es ihm in der Praxis regelmäßig schwerfallen, dessen Wert und damit die Höhe seines Anspruchs zu ermitteln. Daher hat er gem. § 2314 gegen den Erben einen *Anspruch auf Auskunft* über den Bestand des Nachlasses und auf Ermittlung des Wertes der Nachlassgegenstände.

2. Der Pflichtteilsrestanspruch aus § 2305

Der Pflichtteilsanspruch aus § 2303 hilft dem Erben nicht weiter, wenn er vom Erblasser nicht vollständig enterbt, sondern zu einem Anteil als Erbe eingesetzt wurde, der der Höhe nach unter seinem Pflichtteilsanspruch liegt. Damit der Erblasser das Pflichtteilsrecht nicht durch eine solche Konstruktion unterlaufen kann, steht dem Erben in diesem Fall der Pflichtteilsrestanspruch gem. § 2305 zu. Der Berechtigte kann von den Miterben den Wert der Differenz zwischen dem Erbteil und seinem Pflichtteilsanspruch verlangen.

Beispiel 2: Witwer W hat seinen Sohn A zu 7/8 und seine Tochter B zu 1/8 als Erben eingesetzt. Nach Eintritt des Erbfalls fragt B, was sie unternehmen kann.

Lösung: B hat einen Pflichtteilsrestanspruch gegen A gemäß § 2305. Bei gesetzlicher Erbfolge wäre sie zur Hälfte Erbin des W geworden, so dass ihr Pflichtteil ¼ beträgt. Den Wert der Differenz zwischen Erbteil und Pflichtteil in Höhe von 1/8 kann B von A verlangen.

Abwandlung: B hat ihre Erbschaft ausgeschlagen und fragt nun nach ihren Rechten.

Lösung: Der Pflichtteilsrestanspruch (in Höhe des Ergänzungsbetrages) besteht auch bei Ausschlagung der Erbschaft. B kann wie oben die Wertdifferenz zwischen Erbteil und Pflichtteil von A verlangen (nicht aber den Wert des vollen Pflichtteils).

3. Der Pflichtteilsergänzungsanspruch aus § 2325

Der Erblasser kann die Regeln des Pflichtteilsrechts auch zu umgehen versuchen, indem er den Nachlass und damit auch den Pflichtteilsanspruch des übergangenen Erben durch *Schenkungen an Dritte* entwertet. In einem solchen Fall kann dem Pflichtteilsberechtigten der sog. Pflichtteilsergänzungsanspruch gemäß § 2325 helfen.

Danach kann der Berechtigte vom Erben als Ergänzung seines Pflichtteils den Betrag verlangen, um den sich der Pflichtteil erhöht, wenn der verschenkte Gegenstand dem Nachlass hinzugerechnet wird.

Für den Begriff der Schenkung ist die im Rahmen der §§ 516 ff. geltende Definition heranzuziehen. § 2325 ist grundsätzlich auch bei sog. *gemischten Schenkungen* anwendbar, wenn zwischen den Parteien Einigkeit besteht, dass der Wert der Leistung den der Gegenleistung übersteigt und die Leistung zumindest zum Teil unentgeltlich erfolgt. Wie auch sonst im erbrechtlichen Kontext (insbesondere im Fall des § 2287, dazu oben S. 69) fallen sog. unbenannte Zuwendungen unter Ehegatten nach der Rechtsprechung ebenfalls unter den Schenkungsbegriff des § 2325.

Aus § 2325 III ergibt sich, unter welchen Voraussetzungen die Schenkung unberücksichtigt bleibt: Die Schenkung wird innerhalb des *ersten Jahres* vor dem Erbfall *in vollem Umfang,* innerhalb jedes weiteren Jahres vor dem Erbfall um jeweils *ein Zehntel* weniger berücksichtigt. Sind *zehn Jahre* seit der Leistung des verschenkten Gegenstandes verstrichen, bleibt die Schenkung *unberücksichtigt.*

Ausschlaggebend ist dabei nach herrschender Meinung der Zeitpunkt, zu dem der *Leistungserfolg* eingetreten ist. Als Abgrenzungskriterium stellt die Rechtsprechung auf die wirtschaftliche Ausgliederung des verschenkten Gegenstandes aus dem Vermögen des Erblassers ab.

Beispiel 2: Witwer E hat durch Testament seinen Sohn A zum Alleinerben bestimmt. Zwölf Jahre vor seinem Tod überträgt er das von ihm bewohnte Haus schenkweise an seine Freundin F, behält sich aber ein umfassendes Nießbrauchsrecht daran vor. Nach dem Tod des E fragt sich dessen zweiter Sohn B, ob ihm ein Anspruch aus § 2325 zusteht.

Lösung: E hat der F eine Schenkung im Sinne des § 2325 gemacht. Ein Anspruch aus § 2325 scheidet aber gem. § 2325 III S. 2 aus, wenn seit der Schenkung mehr als zehn Jahre vergangen sind.

In diesem Fall hat die Frist jedoch gar nicht erst zu laufen begonnen, da E wegen seines Nießbrauchsrechts durch die Schenkung gar kein fühlbares Opfer erlitten hat und eine endgültige Ausgliederung des Hauses aus seinem Vermögen noch nicht erfolgt ist. B kann aus § 2325 gegen A vorgehen.

Hat der Erblasser die Schenkung an seinen Ehegatten vorgenommen, so beginnt die Frist gem. § 2325 III S. 3 nicht vor Auflösung der Ehe zu laufen. Auch hier kommt der Gedanke zum Tragen, dass der Erblasser durch die Schenkung zunächst keine spürbare Verschlechterung erleidet, da ihm der verschenkte Gegenstand während des Bestehens der Ehe in der Regel nach wie vor zur Verfügung steht.

§ 2330 erklärt die Regelungen der §§ 2325 ff. auf sog. *Pflicht- und Anstandsschenkungen* für nicht anwendbar. Einen solchen Charakter hat die Schenkung, wenn es sich um eine kleinere Zuwendung zu einem besonderen Anlass handelt oder das Unterlassen der Schenkung für den Erblasser die Verletzung einer sittlichen Pflicht darstellen würde.

Schuldner des Pflichtteilsergänzungsanspruchs ist grundsätzlich der Erbe; gem. § 2329 haftet der Beschenkte nur subsidiär nach Bereicherungsrecht, wenn der Erbe zur Ergänzung des Pflichtteils nicht verpflichtet ist. Das ist insbesondere dann der Fall, wenn kein Nachlass vorhanden, der Nachlass überschuldet oder die Erbenhaftung gemäß §§ 1975, 1990 beschränkt ist.

Beispiel 3: Witwer W hat zwei Töchter A und B. Sein Vermögen besteht im Wesentlichen aus seinem Wohnhaus im Wert von 600.000 Euro und einem Aktiendepot im Wert von 400.000 Euro. Durch Testament verfügt er, dass die A seine Alleinerbin sein soll. 11 Monate vor seinem Tod überträgt W das Aktiendepot an seinen Neffen N, den Sohn der A. Nach Eintritt des Erbfalls fragt B nach ihren Rechten.

Lösung

1) Da B als Abkömmling durch das Testament des W von der Erbfolge ausgeschlossen worden ist, hat sie gem. § 2303 I gegen A einen Anspruch auf ihren Pflichtteil. Dieser beträgt die Hälfte des Wertes ihres gesetzlichen Erbteils, also ¼. Zum Zeitpunkt des Erbfalls betrug der Wert des Nachlasses, d. h. des Wohnhauses des W, 600.000 Euro. B hat demnach gegen A einen Geldanspruch in Höhe von 150.000 Euro.

2) Neben diesem Pflichtteilsanspruch steht ggf. der Pflichtteilsergänzungsanspruch gem. § 2325. W hat 11 Monate vor dem Erbfall eine Schenkung im Sinne des § 516 an den N vorgenommen. B kann also von A gem. § 2325 I den Betrag verlangen, um den sich ihr Pflichtteil erhöht, wenn der verschenkte Gegenstand dem Nachlass des W hinzugerechnet wird. Der Wert des Nachlasses hätte dann 600.000 Euro + 400.000 Euro = 1.000.000 Euro betragen. Entsprechend hätte B einen Pflichtteilsanspruch in Höhe eines Viertels dieses Betrages gehabt, also 250.000 Euro. Die Differenz zwischen diesem fiktiven Pflichtteilsanspruch und dem Pflichtteilsanspruch, der sich nach der Schenkung noch ergibt, kann B von A verlangen. B hat also gem. § 2325 I gegen A Anspruch auf Zahlung von 250.000 Euro − 150.000 Euro = 100.000 Euro.

II. Das Erbrecht des Ehegatten

Bei Ehegatten besteht die Besonderheit, dass der Erbfall auch die Beendigung des gewählten Güterstandes bedeutet und daher neben erbrechtlichen auch güterrechtliche Konsequenzen nach sich zieht. Beim sicherlich am häufigsten anzutreffenden gesetzlichen Güterstand der Zugewinngemeinschaft kann der überlebende Ehegatte dabei zwischen zwei Varianten wählen: Während die §§ 1931 I, III, 1371 die Rechtsfolgen nach *erbrechtlichen* Grundsätzen (mit einem pauschalisierten Zugewinnausgleich) regeln, findet bei Enterbung oder Ausschlagung der Erbschaft durch den Überlebenden eine rein *güterrechtliche* Abwicklung gem. § 1371 III statt. Da der überlebende Ehegatte in diesem Fall nicht Erbe des Vorverstorbenen wird, spielt hier das soeben erörterte Pflichtteilsrecht wieder eine wichtige Rolle.

1. „Erbrechtliche Lösung" gem. §§ 1931 I, III, 1371 I

Das gesetzliche Erbrecht des Ehegatten ist in § 1931 I geregelt. Die Höhe des Ehegattenerbteils hängt von der Ordnung der miterbenden Verwandten ab. Ggf. ergeben sich Besonderheiten aufgrund des Güterstands, in dem die Ehegatten zur Zeit des Erbfalls gelebt haben.

Gem. § 1931 I erbt der überlebende Ehegatte des Erblassers neben den Abkömmlingen des Erblassers als Verwandter erster Ordnung zu ¼. Neben Verwandten der zweiten Ordnung (Eltern des Erblassers und deren Abkömmlinge, vgl. § 1925 I) wird der Ehegatte zur Hälfte Erbe. Erbt der Ehegatte zusammen mit Verwandten dritter Ordnung, kommt es darauf an, ob es sich dabei um Großeltern handelt oder ob an die Stelle eines bereits verstorbenen Großelternteiles gem. § 1926 III 1 dessen Abkömmlinge treten. Liegt kein Fall des § 1926 III vor, ist der Ehegatte neben den Großeltern gem. § 1931 I 1 zur Hälfte als Erbe berufen. Treffen aber Großeltern mit gem. § 1926 III 1 eintretenden Abkömmlingen von Großeltern zusammen, regelt § 1931 2, dass der Ehegatte auch von der anderen Hälfte den Anteil erhält, der nach § 1926 den Abkömmlingen zufallen würde.

Zu berücksichtigen ist darüber hinaus der Güterstand der Ehegatten. Während sich bei der Gütergemeinschaft keine Besonderheiten ergeben, trifft § 1931 IV für die Gütertrennung eine Sonderregelung. Die größte Relevanz in diesem Zusammenhang hat jedoch die Regelung der §§ 1931 III, 1371 für den gesetzlichen Güterstand der Zugewinngemeinschaft. Schließlich stellt der Tod eines Ehegatten einen Beendigungstatbestand der Zugewinngemeinschaft dar, so dass – zusätzlich zum Erbrecht - grundsätzlich die Notwendigkeit eines Zugewinnausgleichs besteht. Gem. § 1371 I erhöht sich in diesem Fall der gesetzliche Erbteil des überlebenden Ehegatten um ein Viertel. Diese Regelung gilt pauschal und im Gegensatz zu sonstigen Zugewinnausgleichsansprüchen unabhängig davon, ob die Eheleute überhaupt einen Zugewinn erzielt haben bzw. ob der überlebende Ehegatte aufgrund geringeren eigenen Zugewinns ausgleichsberechtigt wäre.

Beispiel 4: Erblasser E, der keine Verfügung von Todes wegen errichtet hat, hinterlässt seine Frau F und zwei Kinder A und B. Wie hoch ist der Erbteil der F, die mit dem E in Zugewinngemeinschaft gelebt hat, nach der gesetzlichen Erbfolge?

Lösung: Gemäß § 1931 I ist F neben A und B als Verwandte erster Ordnung zu ¼ als gesetzliche Erbin berufen. Hinzu kommt ein pauschalisierter Zugewinnausgleich in Höhe eines Viertels der Erbschaft gem. § 1931 III, 1371 I. Insgesamt wird F damit zur Hälfte (¼ + ¼ = ½) Erbin.

Außerdem hat der Ehegatte als gesetzlicher Erbe Anspruch auf den sog. *Voraus* gem. § 1932. Dieser Anspruch steht dem Ehegatten neben seinem gesetzlichen Erbteil und unabhängig vom gewählten Güterstand zu. Er richtet sich gegen die Erbengemeinschaft und umfasst die zum ehelichen Haushalt gehörenden Gegenstände (z.B. Esstisch, Geschirr usw.) soweit sie nicht Grundstückszubehör sind sowie die Hochzeitsgeschenke.

Neben Abkömmlingen als Erben erster Ordnung ist der Voraus gem. § 1932 I 2 eingeschränkt. Hier gebühren dem überlebenden Ehegatten die Gegenstände nur, soweit er sie zur *Führung eines angemessenen Haushalts* benötigt. § 1932 verschafft dem Ehegatten einen schuldrechtlichen Anspruch gegen die Miterben, der auf Übereignung der betreffenden Gegenstände gerichtet ist. Gem. § 1932 II sind die für Vermächtnisse geltenden Vorschriften anzuwenden, weshalb der Voraus auch häufig als „gesetzliches Vermächtnis" bezeichnet wird.

> **Klausurtipp:** Gem. § 1933 ist das gesetzliche Ehegatten-
> erbrecht ausgeschlossen, wenn im Zeitpunkt des Erbfalls
> die Voraussetzungen für eine Scheidung vorlagen
> (§§ 1565 ff.) und der Erblasser diese beantragt oder ihr
> zugestimmt hatte!

2. „Güterrechtliche Lösung" gem. § 1371 III, 2303 II 2

Alternativ zur oben dargestellten erbrechtlichen Lösung
hat der überlebende Ehegatte der Zugewinngemeinschaft
die Möglichkeit, die Erbschaft gem. § 1942 ff. *auszuschlagen* und sich damit für eine güterrechtliche Abwicklung zu
entscheiden. Der Zugewinnausgleich ist dann gem. § 1371
III, II nach den §§ 1373 ff., 1390 vorzunehmen, wobei der
Überlebende gem. § 1371 III zusätzlich seinen Pflichtteil
verlangen kann. Die letztgenannte Regelung stellt eine
Ausnahme zu § 2303 II 1 dar, der einen Pflichtteilsanspruch an sich nur im Fall der Enterbung vorsieht (vgl.
§ 2303 II 2).

In diesem Zusammenhang ist zwischen dem kleinen und
dem großen Pflichtteil zu unterscheiden. Der sog. *kleine
Pflichtteil* berechnet sich nach dem gesetzlichen Erbteil
des Ehegatten, wie er sich aus § 1931 I ergibt. Die gem.
§ 1371 I vorgesehene Erhöhung, die für den *großen
Pflichtteil* kennzeichnend ist, bleibt dabei unberücksichtigt.
Der kleine Pflichtteil beträgt also neben Abkömmlingen 1/8
(die Hälfte von ¼, vgl. §§ 1931 I, 2303 I 2) und neben
Verwandten der zweiten Ordnung ¼ (die Hälfte von ½, vgl.
§§ 1931 I, 2303 I 2). Bei *Ausschlagung* kann der überlebende Ehegatte im Rahmen der güterrechtlichen Lösung
nur den *kleinen Pflichtteilsanspruch* geltend machen, vgl.
§ 1371 III, II.

Beispiel 5: Erblasser E, der keine Verfügung von Todes wegen errichtet hat, hinterlässt seine Frau F und zwei Kinder A und B. Was bekommt die F, wenn sie die Erbschaft ausschlägt?

Lösung: Es findet ein Zugewinnausgleich nach güterrechtlichen Regeln statt. Zugewinn ist gem. § 1373 der Betrag, um den das Endvermögen eines Ehegatten das Anfangsvermögen übersteigt. Soweit der Zugewinn ihres Ehemannes ihren eigenen Zugewinn übersteigt, kann F gem. § 1378 I die Hälfte des Überschusses verlangen. Daneben steht ihr gem. § 1371 III ihr Pflichtteil zu. Maßgeblich ist hier nicht der gemäß § 1371 I erhöhte Erbteil, sondern der *kleine Pflichtteil*. Neben dem Zugewinnausgleich steht ihr also ein Pflichtteilsanspruch in Höhe von 1/8 zu.

Welche Lösung für den überlebenden Ehegatten günstiger ist, hängt von der Höhe seines Zugewinnausgleichsanspruch im Verhältnis zu seiner Erbquote ab. Die güterrechtliche Lösung ist regelmäßig vorzuziehen, wenn der Verstorbene ein niedriges Anfangsvermögen hatte und hohe Zugewinne erzielt hat.

Ist der Zugewinn während der Ehe dagegen eher gering gewesen, fährt der Überlebende mit der erbrechtlichen Lösung besser. In diesem Fall liegt der pauschalierte Zugewinnausgleich gemäß § 1371 I wertmäßig über der Ausgleichsforderung im Sinne des § 1378 I, die sonst gemäß § 1371 III, II nach den Grundsätzen der §§ 1373 ff. rechnerisch zu ermitteln wäre.

Beispiel 6 (vgl. Beispiele 4 und 5): Erblasser E hinterlässt seine Frau F und zwei Kinder. Er hatte ein Anfangsvermögen von 100.000 Euro und hat während der Ehe einen Zugewinn in Höhe von 900.000 Euro erzielt. Der Wert seines Nachlasses betrug entsprechend 1.000.000 Euro. Seine Frau F hat während der Ehe keinen eigenen Zugewinn erzielt. Nach dem Tod des E fragt F, ob sie die Erbschaft annehmen soll.

Lösung: Nach der erbrechtlichen Lösung würde F zunächst gemäß § 1931 I zu einem Viertel Erbin. Hinzu käme gemäß § 1371 I der pauschalisierte Zugewinnausgleichsanspruch in Höhe von einem weiteren Viertel, so dass F insgesamt 500.000 Euro erhielte.

Für die güterrechtliche Lösung ist zunächst der Zugewinnausgleichsanspruch der F gem. §§ 1373 ff. zu ermitteln. Da F keinen eigenen Zugewinn erzielt hat, kann sie gem. § 1378 I die Hälfte des von E erzielten Zugewinns verlangen, also die Hälfte von 900.000 = 450.000 Euro.

Zusätzlich steht F gemäß § 1371 III, II der kleine Pflichtteil zu, der sich auf 1/8 beläuft. Für die Berechnung ist zunächst die Ausgleichsforderung der F als Erblasserschuld vom Nachlasswert abzuziehen, der dann nur noch 1.000.000 Euro – 450.000 Euro = 550.000 Euro beträgt. Der Pflichtteilsanspruch der F in Höhe eines Achtels hiervon beläuft sich demnach auf 68.750 Euro. Insgesamt stünden F 518.750 Euro zu.

Die güterrechtliche Lösung wäre also für sie günstiger.

Wenn der überlebende Ehegatte durch letztwillige Verfügung von der Erbfolge ausgeschlossen worden ist, findet gem. § 1931 III, 1371 II ebenfalls ein Ausgleich nach güterrechtlichen Grundsätzen statt. Auch in diesem Fall kann der Überlebende zusätzlich zu seiner Zugewinnausgleichsforderung den kleinen Pflichtteil verlangen (vgl. § 1371 II 2. HS).

Eine Mindermeinung will dem Überlebenden hier ein *Wahlrecht* zubilligen, wonach er sich statt der Kombination aus Zugewinnausgleich und kleinem Pflichtteil auch für den *großen Pflichtteil* entscheiden kann. Diese Ansicht widerspricht jedoch dem Gesetzeswortlaut des § 1371 II und wird dem Erblasserwillen nicht gerecht: Dieser wollte durch die Enterbung eine Lösung gemäß § 1371 I gerade verhindern, so dass es regelmäßig nicht in seinem Interesse liegen dürfte, dass § 1371 I zur Berechnung des großen Pflichtteils doch wieder Anwendung findet.

Ist der Überlebende dagegen vom Erblasser als Erbe oder Vermächtnisnehmer unter seinem Pflichtteil eingesetzt worden und macht deshalb gem. §§ 2305, 2307 I 2 Ergänzungsansprüche geltend, ist zu deren Berechnung der *große Pflichtteil* maßgeblich!

Diese Differenzierung ist konsequent, weil im letztgenann-
ten Fall kein sonstiger güterrechtlicher Ausgleich stattfindet.

Hier muss die güterrechtliche Komponente Berücksichti-
gung finden, indem für den Pflichtteil der gem. § 1371 I
pauschal erhöhte Erbteil zugrunde gelegt wird.

Erbrecht des Ehegatten

Gesetzliche Erbfolge	Ausschlagung der Erbschaft	Völlige Enterbung
▪ Gem. § 1931 I: neben Abkömmlingen ¼, neben Verwandten 2. Ordnung ½	▪ Zugewinnausgleich gem. §§ 1371 III, II, 1373 ff.	▪ Zugewinnausgleich gemäß § 1371 II, 1373 ff.
▪ Gem. § 1371 I zusätzlich ¼ als pauschaler Zugewinnausgleich	▪ Zusätzlich gemäß § 1371 III kleiner Pflichtteil	▪ Zusätzlich kleiner Pflichtteil, vergleiche § 1371 II 2. HS (nach hM kein Wahlrecht bzgl. großem Pflichtteil)

▶ **Literatur zu dieser Lektion**
📖 Gehse, **JA** 2004, 291 (Pflichtteilsrecht unter Ehegatten – Klausur)
📖 Werner, **Jura** 2003, 410 (Pflichtteilsrecht – Klausur)
📖 Heinrichsmeier, **JuS** 2000, 49 (Pflichtteilsrecht – Klausur)
📖 Käb, **JA** 1999, 956 (Pflichtteilsrecht – Grundlagenwissen)
📖 Becker, **JuS** 1984, 378 (Pflichtteilsrecht - Klausur)

Lektion 6: Rechtsgeschäfte u. Lebenden v. Todes wg.

Dem Erblasser stehen mit den verschiedenen Arten letztwilliger Verfügungen eine Reihe von Möglichkeiten zur Verfügung, Vorkehrungen für die Zeit nach seinem Tod zu treffen. Um für die Zeit nach seinem Tod vorzusorgen, kann sich der Erblasser aber auch bereits zu seinen Lebzeiten zu unentgeltlichen Zuwendungen verpflichten. Solche Zuwendungen verfolgen letztlich denselben Zweck wie eine Verfügung von Todes wegen und erzeugen bereits zu Lebzeiten des Schenkers eine starke Bindung. Daher stellt sich bei Schenkungen dieser Art die Frage, inwieweit sie ebenfalls den Vorschriften über Verfügungen von Todes wegen unterfallen. Dazu ist zunächst eine Abgrenzung zwischen Schenkungen unter Lebenden gem. §§ 516 ff. und sog. Schenkungen auf den Todesfall im Sinne des § 2301 vorzunehmen.

I. Schenkung unter Lebenden, §§ 516, 518

Eine Schenkung unter Lebenden liegt dann vor, wenn das Schenkungsversprechen *unabhängig vom Überleben des Beschenkten* erfüllt werden soll. Es kommt dem Zuwendenden in diesem Fall nicht darauf an, dass gerade die beschenkte Person in den Genuss des zugewendeten Gegenstandes kommt. Vielmehr ist es ihm ebenso recht, dass der Anspruch im Falle des Vorversterbens der bedachten Person deren Erben zufällt.

Beispiel 1: Vater V schenkt seinen beiden Söhnen größere Geldbeträge, die ihnen nach seinem Tod ausgezahlt werden sollen. Damit will er die Existenz von deren Familien absichern und u. a. sichergehen, dass seine Söhne ihren Kindern (d. h. V's Enkeln) später eine gute Ausbildung ermöglichen können. Sollten die Söhne des V vor V versterben, liegt es in dessen Interesse, dass stattdessen seine Enkel das Geld fordern können. Es handelt sich um eine Schenkung unter Lebenden.

II. Schenkung auf den Todesfall, § 2301

Soll das Schenkungsversprechen nur unter der Bedingung erfüllt werden, dass der *Beschenkte den Schenker über-lebt*, liegt eine Schenkung auf den Todesfall im Sinne des § 2301 vor. Bei einer solchen Schenkung kommt es dem Erblasser gerade darauf an, dass der Beschenkte ihn überlebt und das Zugewendete *selbst erhält*. Außerdem soll der Erwerb erst mit dem Tode des Versprechenden erfolgen.

Beispiel 2: Der Neffe N des O ist ein ausgesprochener Autoliebhaber und hat mit seinem Onkel zusammen einen Oldtimer in aufwändiger Kleinarbeit restauriert. O erklärt dem N: „Wenn ich tot bin, sollst du den Wagen bekommen. Er soll dich an unser gemeinsames Hobby erin-nern, und jemand anders weiß das Auto ohnehin nicht zu schätzen. Hol es dir dann einfach aus der Garage." Hier kommt es O darauf an, dass gerade N den Wagen als Liebhaber- und besonderes Erinnerungsstück erhält. O hat daher die Schenkung unter die Bedingung gestellt, dass N ihn überlebt. Es liegt eine Schenkung im Sinne des § 2301 vor.

Auf diese Art von Schenkungsversprechen finden gemäß § 2301 I 1 die Vorschriften über Verfügungen von Todes wegen Anwendung. Aber auch wenn das in § 2301 I statu-ierte Formerfordernis nicht eingehalten wurde, ist der ge-schlossene Vertrag nicht zwangsläufig unwirksam. Eine Schenkung auf den Todesfall unterliegt gem. § 2301 II den Vorschriften über die Schenkung unter Lebenden, wenn der Schenker sie durch Leistung des zugewendeten Ge-genstandes bereits zu seinen Lebzeiten vollzogen hat. Wann ein solcher Vollzug im Sinne des § 2301 II vorliegt, ist allerdings im Einzelnen sehr umstritten:

1) Zum Teil wird verlangt, dass der Zuwendende ein *ge-genwärtiges Vermögensopfer* bringt, indem er sein Ver-mögen durch Beschränkung seiner Verfügungsmacht ver-ringert. Für diese Auffassung wird auf den Normzweck des

98

§ 2301 verwiesen: Die Regelung unterstelle genau diejenigen lebzeitigen Verfügungen dem Erbrecht, die in ihrer Wirkung einer Verfügung von Todes wegen entsprechen. Bei letztwilligen Verfügungen fehle es aber typischerweise an einem Vermögensopfer des Erblassers zu Lebzeiten. Also komme die Heilungsmöglichkeit des § 2301 II (und damit die Umgehung der erbrechtlichen Formvorschriften) nur dann in Betracht, wenn der Zuwendende tatsächlich eine lebzeitige Vermögensminderung erlitten habe.

2) Der BGH und die wohl herrschende Meinung halten es dagegen für ausreichend, wenn der Schenker zu Lebzeiten alles zur Vermögensverschiebung Erforderliche getan hat und sich der Rechtserwerb des Bedachten ohne sein weiteres Zutun von selbst vollenden kann.

Häufig werden beide Auffassungen zum selben Ergebnis führen, so dass sich eine Streitentscheidung erübrigt. Das gilt insbesondere dann, wenn der Bedachte bereits ein Anwartschaftsrecht an dem fraglichen Gegenstand erworben hat, weil sein Erwerb bedingt oder befristet war. In diesem Fall hat der Zuwendende durch die Anwartschaft des Bedachten sein Vermögen bereits zu Lebzeiten verringert, und der Rechtserwerb des Bedachten vollzieht sich mit Eintritt des fraglichen Zeitpunkts oder Ereignisses von selbst und ohne weiteres Zutun des Zuwendenden.

Beispiel 3: Vgl. *Beispiel 2.* Als O stirbt, nimmt N den Wagen des O an sich und stellt ihn bei sich unter. Der einzige Sohn und Erbe S des O verlangt den Wagen von N heraus. Zu Recht?

Lösung

1) S könnte gegen N einen Anspruch auf Herausgabe des Oldtimers gem. § 985 haben. Fraglich ist, ob S Eigentümer des Wagens geworden ist. Ursprünglich war O Eigentümer des Wagens. Das Eigentum ist im Wege der Universalsukzession gem. § 1922 auf S übergegangen, wenn O sein Eigentum daran bis zum Erbfall nicht verloren hat.

Zu Lebzeiten des O hat weder eine Einigung mit N (mangels Annahme) noch eine Übergabe an N stattgefunden, so dass S das bei O verbliebene Eigentum zunächst gem. § 1922 erworben hat.

S könnte jedoch sein Eigentum an den N verloren haben. Mit seiner Erklärung gegenüber N hat O zu Lebzeiten ein Einigungsangebot abgegeben. Dieses Angebot ist auch nach dem Tod des O noch wirksam, § 130 II. Da N das Übereignungsangebot durch das Mitnehmen des Wagens konkludent angenommen hat, liegt eine wirksame Einigung vor. Die Besitzergreifung durch N erfolgte auf Veranlassung des O, was der S als dessen Erbe (und Gesamtrechtsnachfolger!) gegen sich gelten lassen muss. Die Besitzübertragung ist damit so zu behandeln, als wenn sie auf Veranlassung des S erfolgt wäre. Eine Übergabe liegt also vor. Mangels Widerrufs durch S ist auch das Erfordernis des Einigseins bei Übergabe gegeben. Schließlich war S Berechtigter, so dass N von ihm wirksam gem. § 929 das Eigentum an dem Oldtimer erworben hat.

Zwischenergebnis: Ein Anspruch des S gegen N aus § 985 scheidet daher aus.

2) Fraglich ist, ob S gem. § 812 I 1 1. **Fall** von N Herausgabe des Oldtimers verlangen kann.

a) N hat Eigentum und Besitz an dem Oldtimer erlangt. S müsste das Auto auch an N geleistet haben, also dessen Vermögen bewusst und zweckgerichtet gemehrt haben. Auch hier muss S den Willen und die Erklärungen des O, die dieser zu Lebzeiten gegenüber N abgegeben hat, als Erbe gegen sich gelten lassen. Bereicherungsrechtlich ist die Zuwendung des Autos als Leistung des S zu betrachten.

b) Fraglich ist, ob ein wirksamer Schenkungsvertrag als Rechtsgrund für die Leistung vorliegt. Da es sich um eine Schenkung auf den Todesfall handelte (s. o.), muss die Vorschrift des § 2301 I eingehalten worden sein. Diese Norm verweist nach herrschender Meinung auf die Regelungen zum Erbvertrag, so dass die *Formvorschrift des § 2276* einzuhalten ist. Die bloße mündliche Vereinbarung zwischen N und O genügt diesem Erfordernis nicht. Dies könnte allerdings gem. § 2301 II unschädlich sein, wenn der O die Schenkung durch Leistung des zugewendeten Gegenstandes bereits vollzogen hätte.

aa) Die von der Mindermeinung geforderte gegenwärtige Vermögensminderung liegt bei O nicht vor. O hatte an dem Auto unverändert Eigentum und Besitz und hat zu Lebzeiten keine vermögensrechtliche Einbuße erlitten.

bb) Auch nach der herrschenden Meinung liegt kein Vollzug der Schenkung im Sinne des § 2301 II vor, da zum Vollzug der Schenkung noch die Übergabe erforderlich war und der Rechtserwerb des N sich nicht von selbst vollziehen konnte. Die Schenkung war daher endgültig formnichtig, so dass N das Eigentum an dem Wagen rechtsgrundlos erlangt hat.

Ergebnis: S kann von N gem. § 812 I 1 1. Alt. die Übereignung des Oldtimers verlangen.

III. Echter Vertrag zu Gunsten Dritter auf den Todesfall, §§ 328, 331

Auch ein Vertrag zu Gunsten Dritter im Sinne der §§ 328 ff. kann als Rechtsgeschäft auf den Todesfall vereinbart werden. Bei einem solchen Vertrag verpflichtet sich der Versprechende gegenüber dem Versprechensempfänger, eine Leistung an den Dritten zu erbringen. Das Verhältnis zwischen Versprechendem und Versprechensempfänger heißt *Deckungsverhältnis*. Die Rechtsbeziehungen zwischen dem Versprechensempfänger und dem Dritten werden als *Valutaverhältnis* bezeichnet. Ein echter, berechtigender Vertrag zu Gunsten Dritter liegt vor, wenn dem Dritten nach dem Willen der Parteien ein *eigenes* Forderungsrecht gegenüber dem Versprechenden zusteht. Erwirbt der Dritte dieses Forderungsrecht erst mit dem Tod des Versprechensempfängers, handelt es sich um einen Vertrag zugunsten Dritter auf den Todesfall im Sinne des § 331 I.

Für Deckungs- und Valutaverhältnis kommen jeweils verschiedene, im besonderen Schuldrecht geregelte Vertragstypen in Betracht. Die §§ 328 ff. regeln dabei nur die Beteiligung des Dritten, ohne selbst einen eigenen Vertragstyp darzustellen. Häufig wird das Deckungsverhältnis aus einem Darlehensvertrag mit einer Bank bestehen, die sich als Versprechende gegenüber dem Versprechensempfänger verpflichtet, ein von diesem angespartes Guthaben an einen Dritten auszuzahlen.

Beispiel 4: Patenonkel P richtet für seine Patentochter T auf deren Namen ein Sparkonto bei der Bank B ein, auf das er monatlich 50 € einzahlt. Mit der B vereinbart er, dass das angesparte Guthaben nach seinem Tod an T ausgezahlt werden soll. P informiert auch T, dass sie sich das Geld nach seinem Tod bei der Bank abholen kann. Die Erben des P sind später der Ansicht, dass B an T nichts auszahlen dürfe, da der Vertrag unwirksam sei.

Lösung

1) T könnte gegen B einen Anspruch auf Auszahlung des angesparten Guthabens gem. §§ 488 I 2, 328, 331 haben. Im Deckungsverhältnis hat P mit B einen Darlehensvertrag gem. § 488 geschlossen. Aus der Vereinbarung des P mit der B und dem Hinweis des P an T ergibt sich, dass T nach dem Tod des P ein *eigenes* Forderungsrecht gegenüber der B haben sollte. Es handelt sich also um einen Vertrag zu Gunsten Dritter auf den Todesfall im Sinne des § 331 I.

2) Fraglich ist, ob dieser Vertrag wegen Verletzung eines Formerfordernisses unwirksam ist. Es besteht weitgehende Einigkeit darüber, dass die Formbedürftigkeit des Vertrages zu Gunsten Dritter nach dem *Deckungsverhältnis* zu beurteilen ist. Dabei handelte es sich um ein Darlehen und nicht um eine Schenkung, so dass weder § 518 noch § 2301 eingreifen. Der Vertrag ist formwirksam, so dass T nach dem Tod des P von B die Auszahlung des angesparten Guthabens verlangen kann.

Abwandlung: Haben die Erben des P Ansprüche gegen die T?

Lösung: In Betracht kommt ein Anspruch der Erben aus § 812 I 1 1. Alt. T hat durch Leistung des P einen Auszahlungsanspruch gegen die B erlangt. Fraglich ist, ob dafür ein *rechtlicher Grund* besteht. Dieser müsste sich aus dem Valutaverhältnis zwischen P und T ergeben. Da P der T das angesparte Guthaben unentgeltlich zuwenden wollte, handelte es sich um eine Schenkung. Den Auszahlungsanspruch gegen die B sollte T mit dem Tod des P erwerben, so dass eine nach § 2301 zu beurteilende Schenkung auf den Todesfall vorliegen könnte.

1) Die herrschende Meinung ordnet Rechtsgeschäfte im Sinne der §§ 328, 331 als Rechtsgeschäfte unter Lebenden ein, auf die § 2301 nicht anwendbar sei. § 331 stellte in diesem Fall eine Spezialregelung dar, die dem § 2301 vorgehe und diesen auch im Valutaverhältnis verdränge. Die Wirksamkeit dieser Schenkung sei gem. § 518 zu beurteilen.

Durch den Erwerb des Forderungsrechts auf Seiten des Dritten werde die Schenkung vollzogen und ein bestehender Formmangel geheilt. Nach dieser Ansicht würde ein wirksamer Schenkungsvertrag als Rechtsgrund für die Leistung des P an T vorliegen.

2) Ein Teil des Schrifttums will auch bei Schenkungen, die im Valutaverhältnis eines Vertrages zu Gunsten Dritter auf den Todesfall erfolgen, § 2301 anwenden. Ansonsten würden zwingende erbrechtliche Formvorschriften umgangen. Hiernach wäre die Schenkung des P an die T im Valutaverhältnis unwirksam, weil die Form des § 2301 nicht eingehalten worden ist.

3) Stellungnahme

Der herrschenden Meinung dürfte mittlerweile schon aus Gründen des Vertrauensschutzes zuzustimmen sein, da sich die Rechtspraxis auf die schon lange gefestigte Rechtsprechung des BGH eingestellt hat. Auch die Ansiedlung der Regelung des § 331 im Schuldrecht spricht dafür, dass der Gesetzgeber diese Fälle nicht den erbrechtlichen Formen unterstellen wollte.

Ergebnis: Die Erben des P haben keine Ansprüche gegen die T.

▶ Literatur zu dieser Lektion

📖 Schreiber, **Jura** 1995, 160 (§ 2301 – Grundlagenwissen)
📖 Brun, **Jura** 1994, 291 (Schenkung a. d. Todesfall – Grundlagen)
📖 Martinek/Röhrborn, **JuS** 1994, 473; 564 (Der Bonifatiusfall)
📖 Otte, **Jura** 1993, 643 (Der Bonifatiusfall)

Familienrecht

ISBN 978-3-86724-026-0

**Auch lieferbar als MP3-Hörbuch
„Basiswissen Familienrecht"**

Standardfälle
Familien- und Erbrecht

ISBN 978-3-86724-005-5

Neu! „Die wichtigsten Schemata"

-> Schemata ZivilR, StrafR, ÖffR, 328 Seiten,
ISBN 978-3-86724-133-5

-> Schemata Nebengebiete (ArbR, HandR, GesR,
StPO, ZPO), ISBN 978-3-86724-138-0;

-> **Karteikarten** „Schemata Zivilrecht", 62 Karten,
ISBN 978-3-86724-058-1

-> **Hörbuch (MP3-Download)**
„Die wichtigsten Schemata Zivilrecht",
ca. 78 Minuten

▶ Unsere 📖 Skripten 🗐 Karteikarten 🔊 Hörbücher (CD & MP3)

Zivilrecht

- 📖 Standardfälle **Zivilrecht** f. Anfänger (BGB AT+Kaufrecht)
- 📖 🔊 Standardfälle **BGB AT**
- 📖 🔊 Standardfälle **Schuldrecht**
- 📖 🔊 Standardfälle **Ges. Schuldverhältn.**, §§ 677,812,823
- 📖 🔊 Standardfälle **Sachenrecht** (Mobiliar+Immobiliar)
- 📖 🔊 Standardfälle **Familien- und Erbrecht**
- 📖 🔊 Basiswissen **BGB AT** (Frage-Antwort)
- 📖 🔊 Basiswissen **Schuldrecht AT** (Frage-Antwort)
- 📖 🔊 Basiswissen **Schuldrecht BT** (Frage-Antwort)
- 📖 🔊 Basiswissen **Sachenrecht** (Frage-Antwort)
- 🔊 Basiswissen **Familienrecht** (Frage-Antwort)
- 🔊 Basiswissen **Erbrecht** (Frage-Antwort)
- 📖 Einführung in das **Bürgerliche Recht** (für Anfänger)
- 📖 Studienbuch **BGB AT**
- 📖 Studienbuch **Schuldrecht AT**
- 📖 Einführung **Schuldrecht BT 1** - §§ 437, 536, 634, 670 ff.
- 📖 Einführung **Schuldrecht BT 2** - §§ 812, 823, 765 ff.
- 📖 Einführung **Sachenrecht 1** – Mobiliarsachenrecht
- 📖 Einführung **Sachenrecht 2** – Immobiliarsachenrecht
- 📖 Einführung **Familienrecht**
- 📖 Einführung **Erbrecht**
- 📖 🔊 **Definitionen** für die Zivilrechtsklausur

Strafrecht

- 📖 Standardfälle **Band 1:** für Anfänger
- 📖 Standardfälle **Band 2:** für Fortgeschrittene
- 📖 🔊 Standardfälle **Strafrecht AT** (für Anfänger)
- 📖 🔊 Basiswissen **Strafrecht AT** (Frage-Antwort)
- 📖 🔊 Basiswissen **Strafrecht BT 1** (Frage-Antwort)
- 📖 🔊 Basiswissen **Strafrecht BT 2** (Frage-Antwort)
- 📖 Einführung **Strafrecht AT**
- 📖 Einführung **Strafrecht BT 1** – Vermögensdelikte
- 📖 Einführung **Strafrecht BT 2** – Nichtvermögensdelikte
- 📖 🔊 **Definitionen** für die Strafrechtsklausur

Öffentliches Recht

- 📖 Standardfälle **Staatsrecht 1** – Staatsorganisationsrecht
- 📖 Standardfälle **Staatsrecht 2** – Grundrechte
- 📖 🔊 Standardfälle f. **Anfänger** (StaatsorgaR u. GrundR)
- 📖 Standardfälle **Verwaltungsrecht AT**
- 📖 Standardfälle **Polizei- und Ordnungsrecht**
- 📖 Standardfälle **Baurecht**
- 📖 Standardfälle **Europarecht**
- 📖 Standardfälle **Kommunalrecht**
- 📖 🔊 Basiswissen **StaatsR 1** – StaatsorgaR (Frage-Antwort)
- 📖 🔊 Basiswissen **StaatsR 2** – Grundrechte (Frage-Antwort)
- 📖 Basiswissen **Verwaltungsrecht AT** (Frage-Antwort)
- 📖 Studienbuch **Staatsorganisationsrecht**
- 📖 Studienbuch **Grundrechte**
- 📖 Studienbuch **Verwaltungsrecht AT**
- 📖 Studienbuch **Europarecht**
- 🔊 Hörbuch Basiswissen **Europarecht**
- 📖 Studienbuch **Staatshaftungsrecht**
- 📖 **Verwaltungsrecht AT 1** – VwVfG
- 📖 **Verwaltungsrecht AT 2** – VwGO
- 📖 **Verwaltungsrecht BT 1** – Polizei und Ordnungsrecht
- 📖 **Verwaltungsrecht BT 2** – Baurecht
- 📖 **Verwaltungsrecht BT 3** – Umweltrecht
- 📖 🔊 **Definitionen** Öffentliches Recht

Sozialrecht

- 📖 Einführung **Sozialrecht**

Nebengebiete

- 📖 Standardfälle **ZPO**
- 📖 🔊 Standardfälle **Handels- & Gesellschaftsrecht**
- 📖 🔊 Standardfälle **Arbeitsrecht**
- 📖 🔊 Basiswissen **Handelsrecht** (Frage-Antwort)
- 📖 🔊 Basiswissen **Gesellschaftsrecht** (Frage-Antwort)
- 📖 🔊 Basiswissen **StPO** (Frage-Antwort)
- 📖 🔊 Basiswissen **ZPO** (Frage-Antwort)
- 📖 Einführung **Handelsrecht**
- 📖 Einführung **Gesellschaftsrecht**
- 📖 Einführung **Arbeitsrecht**
- 📖 Einführung **Kollektives Arbeitsrecht**
- 📖 Einführung **ZPO I** - Erkenntnisverfahren
- 📖 Einführung **ZPO II** - Zwangsvollstreckung
- 📖 Einführung **StPO** - Strafprozessordnung
- 📖 Einführung **IPR** - Internationales Privatrecht
- 📖 Standardfälle **IPR** - Internationales Privatrecht
- 📖 Einführung **Insolvenzrecht**
- 📖 **Gewerblicher Rechtsschutz & Urheberrecht**
- 📖 Einführung **Wettbewerbsrecht**
- 📖 Einführung **Sportrecht**

Karteikarten

- 🗐 **Grundlagen des Zivilrechts**
- 🗐 **BGB Allgemeiner Teil**
- 🗐 **Schuldrecht BT** (§§ 433, 535, 631, 812, 823)
- 🗐 **Schemata Zivilrecht** (AT, SchuldR, SachR, FamR)
- 🗐 **Strafrecht AT**
- 🗐 **Strafrecht BT 1**
- 🗐 **Strafrecht BT 2**
- 🗐 **Streitfragen Zivilrecht**
- 🗐 **Staatsorganisationsrecht**
- 🗐 **Grundrechte**
- 🗐 **Verwaltungsrecht AT**
- 🗐 **Schemata Öffentliches Recht**

Die wichtigsten Schemata

- 📖 **Band 1:** Zivilrecht, Strafrecht, Öffentliches Recht
- 📖 **Band 2:** Arbeitsrecht, Handelsrecht, Gesellschaftsrecht, StPO, ZPO

Ratgeber Jurastudium

- 📖 Ratgeber **500 Spezial-Tipps für Juristen** - Wie man geschickt durchs Studium und das Examen kommt

BWL

- 📖 Einführung in die **Betriebswirtschaftslehre**
- 📖 **Organisationsgestaltung & -entwicklung**
- 📖 **Fallstudien** Organisationsgestaltung & -entwicklung
- 📖 **Internationales Management**
- 📖 Wie gelingt meine wiss. **Abschlussarbeit?**
- 📖 **Medienwirtschaft für Mediengestalter**

Assessorexamen

- 📖 Der **Aktenvortrag im Strafrecht**
- 📖 Der **Aktenvortrag im Zivilrecht**
- 📖 **Staatsanwaltl. Sitzungsdienst & Plädoyer**

Irrtümer und Änderungen vorbehalten!

🔊 bedeutet: auch als **Hörbuch** lieferbar!

Bei <u>niederle-media.de</u> best. Bücher treffen idR *nach 1-2 Werktagen* ein!